『海外宁波学』译丛

从宁波到日本

生活世界的对话

【日】高津孝——编

【日】小岛毅——监修　谢展眉　郭永恩——译

·杭州·

图书在版编目（CIP）数据

从宁波到日本 ：生活世界的对话 / （日） 高津孝编 ；
谢展眉，郭永恩译 ；（日） 小岛毅监修. -- 杭州 ：浙江大学
出版社，2025. 1. -- ISBN 978-7-308-25433-5

Ⅰ. K295.5；K313.03

中国国家版本馆CIP数据核字第2024SU4290号

東アジア海域に漕ぎだす3 くらしがつなぐ寧波と日本，
高津孝編，小島毅監修，東京大学出版会
Cultural Similarities between Ningbo and Japan

ISBN 978-4-13-025143-3 Printed in Japan

浙江省版权局著作权合同登记图字：11—2024—306 号

从宁波到日本：生活世界的对话

（日）高津孝 编；（日）小岛毅 监修；谢展眉 郭永恩 译

丛书策划 张 琛
责任编辑 张一弛
责任校对 朱卓娜
封面设计 VIOLET
出版发行 浙江大学出版社
（杭州市天目山路148号 邮政编码310007）
（网址：http://www.zjupress.com）
排 版 杭州林智广告有限公司
印 刷 浙江省邮电印刷股份有限公司
开 本 880mm×1230mm 1/32
印 张 8
字 数 192千
版 印 次 2025年1月第1版 2025年1月第1次印刷
书 号 ISBN 978-7-308-25433-5
定 价 68.00元

“海外宁波学”译丛总序

吴　光*

和羹之美，在于合异。国家主席习近平高度重视文明交流互鉴的作用，强调文明交流互鉴是推动人类文明进步和世界和平发展的重要动力，并向国际社会郑重提出全球文明倡议，倡导尊重世界文明多样性、弘扬全人类共同价值、重视文明传承和创新、加强国际人文交流合作。和谐共生、美美与共的新文明观表达了中国人民促进人类文明进步的赤诚之心，也呼唤着推动文明交流互鉴互学、全面践行中国承诺的文化自觉与自信。

宁波自古以来处于中华文明与世界其他文明交流互鉴的最前沿，在亚洲文明形成和东西方文明交融的过程中，发挥着极其独特的作用。宁波既是中国大运河南端的出海口，也是海上丝绸之路的东方起碇港，得天独厚的海洋区位优势和源远流长的开放文化基因共同塑造了宁波的与众不同。凭借独特的地理、社会与人文优势，通过先民的人口移动、商贸来往、文化交流等方式，宁波亲历了东西方文明的

* 本文作者系浙江省社会科学院二级研究员，浙江省文史研究馆馆员，国际儒学联合会荣誉顾问。

交流互鉴，促进了东亚文化圈的同构共建。宋时明州造神舟“远出大洋”，“朝夕不绝”；明清以王阳明、朱舜水、黄宗羲等为代表的浙东文化思想远播世界；自明末清初，宁波商帮“卓苦勤劳”“坚确慷慨”，向海而生……溯历史之源，循文化之根，宁波是中国沟通世界的重要枢纽，也是世界读懂中国的重要窗口。

宁波是古丝路文明的“活化石”和新丝路传奇的书写者。文明交流、互鉴互学谱写了宁波文明积淀和文明成长的主旋律，在声势日隆的世界中国学研究领域，以宁波及其腹地浙东为代表的中华海洋文明、中华商贸文明穿越文明交流互鉴的历史长河，绽放为一朵璀璨之花，共绘出中国学园地的繁华盛景，为繁荣世界文明百花园注入了思想和文化的活力。“海外宁波学”即重点研究总结宁波在文明交流中展现的人类共同价值与宝贵经验，从学理上支撑“宁波学”研究的框架体系，从而丰富世界中国学研究的内涵和特色。“海外宁波学”译丛旨在发挥宁波处于东亚儒家文化圈核心地带和东西文化交汇枢纽要地的传统优势，挖掘海外研究宁波的珍贵著作、文献，整理和译介世界各地“宁波研究”系列成果，梳理中华文明经由宁波辐射东亚、传播世界的历史脉络，凸显宁波在中外文明交流中的摆渡者与领航者形象。

海外学者历来对宁波情有独钟。1856年，美国作家、外交家和诗人贝亚德·泰勒（Bayard Taylor）按捺不住初见天童寺时的欣喜之情，“古镇塔林庙宇环绕其间，是一扫数日阴霾的暖心召唤”。1877年，德国地理学家费迪南·冯·李希霍芬（Ferdinand von Richthofen），“丝绸之路”概念的首创者，讴歌宁波人具有“对大事件的热忱和大企业家精神”。1903年，旅华英国人亨林·托马斯·韦德（Henling Thomas Wade）在宁波游记中绘制了《宁波乡间图》，宁波最早的旅游指南就此诞生。1909年，慕雅德（Arthur Evans Moule）把宁波人耳熟能详的“走遍天下，不如宁波江厦”翻译为英文，并向世界隆重地推荐宁波。1986年至1995年，日本著名阳明学家、九州大学名誉教授冈田武先生七次率团来华寻访王阳明遗迹，其中四至余姚，二至宁波，后征集300余名日本友好人士捐资参与余姚王阳明故居瑞云楼和绍兴洪溪王阳明墓的修复，成为中日人民间文明交流互鉴的典范式样板。当代日本汉学家、东京大学教授小岛毅先生则聚焦宁波与日本在生活世界的连接，曾云：“丰富多彩的交流活动对于日本传统文化构建具有决定性的作用。”在不胜枚举的海外宁波学相关文献中，特别引起我们强烈共鸣的是“Hub”一词，该词很好契合了宁波在中外古代交流史上的重要作用。

“Hub”在英文中有接收和传输“中心”的意思，功能类似于集线器。该词源于以东京大学小岛毅教授和广岛大学冈元司副教授为核心的研究项目，“东亚海域交流与日本传统文化的形成——以宁波为中心的观察”（简称“宁波计划”）。“宁波计划”用“Hub”隐喻宋代以后宁波的地域文化特性以及宁波作为中国对外文化传播中心的地位。“宁波计划”从2005年开始实施，汇聚了来自日本及海外60多所大学的100多位知名学者，其中一些日本学者多次到宁波实地参访，开展田野研究。丛书以日本当代中国文化研究者的角度系统呈现了宁波的对外交流史，并从历史文化、日常生活、文物古迹等方面考证了古代宁波多元文化元素在东亚地区的传播及其对区域国家的文化促进作用，具有极高的学术价值。丛书编辑历时近20年，目前已由东京大学出版社和汲古书院刊发20多卷，内容涉及历史学、思想史等十多个领域，填补了21世纪海外以国家工程形式推动中国学研究的空白，为海外宁波学研究提供了强有力的文献参考和佐证，这也是本译丛首辑选译该丛书代表著作的原因。

“海外宁波学”译丛在宁波市委宣传部统筹下，由宁波市社科院、浙大宁波理工学院“宁波市东亚文化研究中心”，会同浙江大学出版社等单位共同成立译丛编委会。编委会成员除了浙江（宁波）的学者，还包括国内外多个学科领域的专家、翻译家和学者。他们在作品遴选、版权联系、译文校订等方面付出了很多艰辛的劳动。译丛的出版将进一步推动“海外宁波学”的学术研究，讲述好文明交流互鉴中的宁波故事，彰显宁波国际港城的非凡魅力。

东海共西海，我心归四明。践行全球文明倡议就是用行动搭建人与人心灵和情感的桥梁。相信“海外宁波学”译丛的出版，必将成为学术界及大众解读世界与中国，了解世界与宁波，理解历史与当下，推动文明交流互鉴与文明成果转化的一项重大实践，并将进一步推进宁波与世界各地历史人文的交流和经贸文化的合作。

前言　写在出版之际

日本与中国和朝鲜半岛的交流史之于日本，究竟具有怎样的意义？

我们希望通过日常的经济和文化交流构筑东亚各国之间更加密切的关系。但是，如何能进一步加深彼此间的相互理解？这个问题仍亟待解决。为了构筑彼此间更加良好的关系，我们有必要回顾过去，了解日本列岛与中国、朝鲜半岛共同交织的这片海域走过怎样的历史路程，又如何影响了现在的日本文化。基于共同研究的成果，本书旨在揭示东亚海洋交流的诸多形态，并梳理日本传统文化形成的过程。

遣唐使时期的交流通过教科书等媒介为人们所熟知，社会对此也关注备至。另外，虽然历史观各不相同，但也有不少图书向一般大众讲述了近代以来那段“不幸的历史”。然而，对于从公元894年日本废除遣唐使制度直至1894年甲午战争爆发期间的日中和日朝交流，有人略知一二，但大多数人都十分陌生。

本书的研究对象正是这一千年。在这一千年的岁月里，日本与中国及朝鲜半岛虽然没有建立正式邦交，但彼此间仍开展了丰富多彩的交流活动。本研究意在清晰揭示这些丰富多彩的交流活动对日本传统文化的构建所起的决定性作用。我们将已经明确的个别事例与其历史经纬关联起来进行解读，想必会让读者们耳目一新。读罢本书，大家对世界的认知无疑会大为改观。

日本东京大学教授、中国史学者

小岛毅

序言　宁波与日本，生活世界的对话

本书的意图与构成——寄思雪舟

540多年前，雪舟乘船来到了宁波。而今闻名于世的山水水墨画家雪舟，彼时还是一个无名画僧。当时，中国正值明朝第八位皇帝宪宗在位的成化四年（1468年），即日本的应仁二年。雪舟启程之时，京城正因前一年爆发的应仁之乱而战火纷飞，这场战乱大有即将蔓延日本全国之势。在此背景下，雪舟离开日本，踏上了前往大明的旅程。上岸后，映入雪舟眼帘的异国港城——宁波，是如何一番景象？他登上遣明船的目的无疑是十分明确的，在即将开启的中国之旅中，他经历了什么？又作何感想？

通过文献回顾历史时，总容易把事件史和政治史当成研究的中心。然而，这些文献大多无法全面地展现当时人们真实见到的世界。不仅如此，著书之人受其所在集体的局限，留下的史料难免带有些许个人偏见，其描述的历史无疑也受限于特定的视域。因此，我们很少能看到那些难以成为记述对象的具体的日常生活和景象，也看不到不识字的底层人们的真实生活。而现实中的雪舟看到的，则是一般书籍里鲜有记载的鲜活的真实世界，那具有生活气息的现实在雪舟眼里就是一道靓丽的风景，他一览无余。

本书在不同领域人士的通力协作下，超越了单纯依托文献的研究，主要采用与当地对话的田野调查手法，研究了以宁波为中心的长江下游一带沿海地区——这一与日本紧密相连的地区中的环境、生活、信仰以及文化。这是以往研究中鲜有涉猎的领域。

雪舟下船后，首先看到的是江南水乡的城市风光。与日本不同，中国的河流并非越过险峻的山野才汇入大海，而是穿过平坦的原野缓慢地流向海里。因此，海水倒灌成为一大问题，确保淡水资源也十分困难。对于江南的各个城市而言，为了保障生活和农业用水，防止海水倒灌的治水工程乃第一要务。在第Ⅰ部分第一章第一节中，我们首先记述了宁波的水利以及由此形成的与水相关的祭祀和娱乐活动等。长江下游的各个城市，都是在河流带来的泥沙不断堆积而成的冲积平原上发展起来的。人们通过排水造田来扩大农地，并用纵横交错的水渠将片片农田连接起来。所以，本章第二节就主要描述了这种水乡城市特有的房屋和城市景观。

宁波是一座面朝大海的海港城市，在连接中国内陆与海洋上发挥着重要作用。日本的船只从北九州出发，跨越东海，途经舟山群岛，最终驶入宁波港。雪舟也经由这一路线抵达宁波。本书第Ⅰ部分第二章第一节里叙述的对象是像雪舟一样，从中国其他地方来到宁波定居之人；而第二节里叙述的对象则是生活在日本与宁波之间这片海上的居民，其中不仅提到了渔民和航海从业者，还提及了海盗的问题。

第Ⅱ部分以茶、戏、船为主题展开。禅宗寺院与吃茶的习惯密不可分，禅僧雪舟想必在中国第一次品尝到了中国茶的味道。那么，中国茶和日本茶的味道有何不同？对此，本部分第一章里结合科学分析、基因分析等手法给出了答案。

民间艺术是各地人民生活的重要组成部分。雪舟在前往宁波和北京的旅途中也一定接触到了许多地方民间艺术。第四章主要介绍宁波与浙江省内至今仍极具生命力的古典戏剧和评书。

在中国生活的两年间，雪舟曾前往北京。从宁波去北京，他必须沿河而行，通过运河北上。从宁波沿运河而上的过程中，雪舟目睹了人们沿河而居的生活景象。事实上，迄今仍然鲜有关于这些人的生活记录。所以，第五章通过田野调查和访谈调查的结果，向读者展示了以河川为生的人们的生活。

结束了中国之旅后，雪舟平安返回日本，也带回了大量的物品和信息。自古以来，便有各色文物远渡重洋从中国运至日本。本书第Ⅲ部分记述了宁波石匠带来的石刻文化，以及遍布九州西部的、用产自宁波的石材建造而成的石塔；此外，还讲述了海上诸神的兴亡史与宁波商人的历史。

本书的主人公并非雪舟，甚至正文中都不曾提及他的名字。然而，500多年前我等同胞就曾到访中国，仅是想象一下他们曾走过的地方、看过的景色，脑海里就不禁涌现出前面提到的那些问题（或者更多）。继《文化之都：宁波》之后，本书依然聚焦于中国的海港城市宁波。不同的是，《文化之都：宁波》主要通过文献资料分析法对知识分子的文化活动进行细致的探究，而本书则采用田野调查和科学分析的手法，全面考察了像雪舟一样曾亲临当地之人所见所闻的日常情景与百姓生活。

“水世界”的视角——用历史学来讲述

如上，我们寄思雪舟概述了本书的目标所在。相信大家已注意到此前的表述里频繁出现了诸如“水渠”“河流”“海”等与水相关的词语。不错，“水世界”（水の世界）正是贯穿本书的核心概念。较之前不同，我们将变换一个角度，重新讲述这一概念。

立足历史纵观宁波一带的发展可知，唐宋时期的水田稻谷种植是其经济发展的根基。为此，宁波一带兴修水利，平原之上水渠交织。宁波港本身也位于毗邻入海口的河流交汇处，因此，宁波的城市生活也处处考虑到了与“水”的共生共存。提及中国社会，以往多论“陆地”。然而，从这些与“水”的联系当中，会发现宁波与日本的诸多共同之处。

在宁波及其周边地区，“水”是不少人的安身立命之所。如在浙江各流域“河川”上以渔业为生的渔民、从事“海”上运输的人，以及在舟山群岛等“岛屿”上生活的居民，等等。我们在后文的历史中也能看到他们独具一格的生活方式。

正是在如此独特的地域社会里，精英阶层与普通民众共同创造出了丰富多彩且充满活力的文化，而这些文化也给日本带来了多方面的影响。平安末期之后，大多数来中国留学的日本僧人来到了宁波乃至浙江的各个寺院学习与生活，也是他们将当地的文化与技术传播到了日本。与此同时，宁波的能工巧匠也远渡日本，直接且深刻地影响了日本的石刻文化。另外，广泛传播于日本民间的观音信仰就发源于和宁波隔海相望（现行政区划为舟山市）的普陀山（名为“山”，实为“岛”)。这一观音信仰与海密切相关，也如大海一般开放与包容。宁波还存在其他诸多民间信仰，甚至还能从日本的寺院及其他意想不到之处发现它们传播的印迹。这些聚焦民间的生命力经久不衰，伴随着明清时代的商业发展被近代上海所继承，并不断扩展到包括日本在内的国际交流当中。

提到东亚，自然不能忽略建立了强大国家的中国。然而，如果我们代入“从地域到海域”的视角，就能体会到与“国民国家”截然不同的观点。乍看如同一块磐石的帝国，实则内含丰富的地域多样性。在中国，常常以陆地为中心讲述历史，而海洋的历史重要性则在宋代之后才逐渐显现。宁波就是这一历史过程的鲜活见证。日本亦然，与遣唐使时期以吸收“国家制度”为主的交流不同，随着交流的重心转移到宁波等中国东南沿海一带，交流本身也逐渐向与日常生活更加密切相关的事物上倾斜。这个孕育了多彩文化的“水世界”是给日本带来深刻影响的文化之源，日本也正是以水为媒介构筑了与那个世界之间的关联。因此，对于日本传统文化，我们需要重新审视其具备的多元性和灵活性，而非囿于“国家”观念渐强的近代化过程的视角当中。

观察国际交流时，倘若只基于官方史料，无论如何都会偏向“国”与“国”之间的外交视角。这就像现代媒体的报道总是聚焦于各国首都发出的政治信息一样，极易导致单一化的认识。然而，不同地区的环境不同，人们的日常生活也多种多样，各地形成的“文化”自然也独具色彩。其多样性无法用“国家”为单位来衡量。我们立足于“地域”和“生活世界”的视角来观察事物，而非“国家”和“政治”，这具有重要的历史意义。同时，就像人们对“环境”日益增长的关注一样，在21世纪，要从日常世界的智慧中探寻解决问题之道，我们认为立足“地域”和“生活世界”的研究视角至关重要。

基于上述问题，本书最终题为“从宁波到日本：生活世界的对话”。题中虽然借用了“日本”一词，但想必大家已能从上文中大致了解了个中意味。宁波这座城市的“水世界”通过“港口”与“海洋”相连，并不断漫延开来，其中到达的一个目的地便是扶桑之国。诚望各位读者阅读本书时，不妨想象一下以这个生活世界为中心迸流而出的壮阔波澜。

脚踏“实地”的意义

现在正阅读到此处的你，可曾到访过宁波？宁波是一座值得玩味的城市，若你未曾到访，请务必亲临体验。如果有人认为“读了这部丛书后对宁波已有大致了解，不去也罢”，那身为作者的我们可就觉得困扰了。若是如此，我们倒更希望大家有“这种书读了也不明所以，还是实地看看为好”这样的态度。本书聚焦“生活”，尤其重视实地考察验证。本书的特色也正在于重视实地考察，也就是所谓的“田野调查”。针对这一点，此处我想做些补充。

本书书名使用了“生活”一词。正如开头所说，关于具体的日常生活和生活光景，以及不识字的底层人民的生活，鲜少留下记录。因此，生活在不同时空的我们难以想象个中情形。传统中国有严格的“士”（为官的知识分子）、“庶”（普通平民）之分，然而，事实上这两个阶层之间的“文化”并非完全割席，它们相互影响、相互渗透。唯其如此，本书才特意使用“生活”这一概念，旨在挖掘总被那些“知识分子”和“文明”故事所遗忘的生活世界的碎片。否则，我们便无法了解中国社会乃至东亚世界的多样性与多重性。但是，如何才能还原出那些很少被记录的“原始的现实”？这是一个问题。

如此言说，或有不当，但私以为世间无非只有两派，一派信奉“百闻不如一见”，另一派则坚信“见也未必知其所以然”。诚然，即使去到当地也未必能够全盘了解。比起已知之物，未知之事断然更多。即便是已知的事物，其中也不乏倘若有心、纵然不能亲临其境也可了解的东西。甚至，也有不少人在发觉自以为熟悉的事物皆为错会时唏嘘不已。

反过来讲，也正是因为如此，多次亲临现场才显得尤为重要。我们并不是要大家成为“像当地人一样的本地通”才推荐各位去中国（宁波）的。相反，我们希望大家去体验无法轻易融入当地、在当地饱尝不适的感受。之后，千万不要将这些格格不入感简单归咎于对方，而是要真挚地向对方，也向自己问一句“为什么”。这，才是文化交流里最为重要的。我们相信，只有真挚的交流，才会在与“知”与“不知”以外的层面上发现一丝彼此相通之处。所谓“彼此相通”，就像是在朋友和家人之间说“真搞不懂”（或在心里嘟囔）时的亲近感，又像感叹“算了吧”时的心境（“虽然搞不懂这家伙，但我却并不讨厌他，而且还必须与他继续往来”的心情）。这才是“生活”世界的真实写照。

本书的各位作者未必都赞同这个观点，但所有人都能充分理解田野调查的重要性，并将之积极运用到自己的研究中，这便是本书的一大特色。做“研究”必然讲究“方法论”。简单来说，“方法论”就是一种态度，是对“我要做什么？以及为此能采取什么有效方法？”的严肃思考。仅凭尝过当地美食后的一句“真好吃！”，不足以成为研究。研究必须科学地分析其美味的由来，也要明确这道菜在与其他菜品的关联中占有怎样的位置。如果不理解“与其他菜品的关联”的话，可以试着思考“这道菜与其他地区的食物有何不同”“这道菜的外形和味道是如何演变而来的”“这道菜在当地的地位及意义如何”等问题。要解决如此多的疑问，只靠“百闻不如一见”的态度是断然不行的。那么，要弄清所有谜团，需要怎样的平台和分析角度？本书的作者们都深刻体会过实地调查的种种艰辛，期待各位读者能从本书，特别是第Ⅱ部分中感受到这份艰辛。这必定会对您实际去到宁波、了解当地生活有所帮助。

“一衣带水”一词，常用于强调日中两国之间的密切关系。然而，即便是细如“衣带”的“水”，有时仍会导致双方的隔阂。本书的标题是“从宁波到日本：生活世界的对话”，聚焦于紧密联结着两者的“水”。“对话”的前提则是双方之间有所“隔阂”。为了避免简单粗暴或过度依赖两国间的相通之处，我们需要立足当地，去进行实地考察。若能通过本书启发大家思考“理解不同的人与文化的方法”，幸甚至哉。

宁波概观

我们将要考察宁波当地的生活，那么，宁波的地理环境如何？阅览正文之前，首先需要大致了解宁波的地理位置、自然环境，其作为东亚海域交流中心的历史背景以及现状。

（1）宁波的地理位置与自然分布

宁波位于东经121º29'、北纬29º52'[1]，其纬度大致在日本屋久岛和

1　原文如此。确切来说，宁波位于东经120º55'至122º16'，北纬28º51'至30º33'。——编者注

种子岛[1]偏南方向。宁波在中国最大城市上海以南约150公里处，两地之间隔着杭州湾。

目前（撰写本书时），从日本直达宁波的飞机航线和海运尚未开通，去宁波需要在上海中转。从关西国际机场乘飞机去上海需约2小时30分钟（从成田国际机场出发需约3小时30分钟）。如果走海路，也可乘坐往返大阪、神户与上海之间的定期班船，需约5个小时。上海到宁波之间曾有一趟约20分钟的航班，但自2008年跨越杭州湾的杭州湾跨海大桥开通之后便被取消了。如果乘坐铁路，将途经杭州，需约3个小时。随着中国高速铁路的惊人发展，所需时间将会进一步缩短。另外，以往坐轿车和巴士走高速公路，途经杭州需要4个小时左右；如果走杭州湾跨海大桥的话，则只需2小时30分钟即可抵达。

上海与宁波之间的长途汽车主要往返于上海客运南站和宁波汽车南站。这两个汽车站都在火车站附近，十分方便。再者，浙江省的省会杭州也有国际机场，每周从成田国际机场和关西国际机场都各有几班航班能够直达。不过，综合上述的各种情况和航班班次，大多数时候仍是中转上海更为方便。

从中国国内的位置来看，宁波位于面朝东海且近年来经济发展显著的沿海地区中央地带，基本处于长江下游流域。根据中国国内的一般区域划分，宁波属“华东地区”[2]。宁波市行政上隶属浙江省，位于该省东北部，北濒杭州湾，与上海市、浙江省嘉兴市隔湾相望；同时，西接绍兴市，南邻台州市，东部则是舟山市。

以天台山脉为界，宁波市的地形大致分为北部和南部。北部为

1　屋久岛和种子岛位于日本九州岛以南，属鹿儿岛县。——编者注

2　原文此处为“华中地区”（華中地域），应是笔误。——编者注

甬江流域的开阔平原，南部则山多平地少。形成甬江平原的甬江总长133公里，流域面积为4518平方公里（包括余姚江和奉化江），占宁波市面积的48%。北边的杭州湾因周边河流的泥沙淤积，形成了离岸较远的浅海。经过长年围海造地，宁波的海岸线逐渐向海边延伸，形成了而今广阔的三北平原[1]。另一边，南部的海岸线错综复杂，有许多中小型河流汇入象山湾和三门湾。宁波市辖内散布着531个岛屿，舟山群岛（舟山市）便在其近海之上。

舟山群岛也是本书的一大主题，共由1390个岛屿组成（103个岛屿有人居住），其中最大的是舟山岛（与屋久岛面积相近）。舟山群岛所在的海域是中国三大渔场之一，舟山市的渔业和水产加工业都很发达。另外，下文中将会提及，这里不仅是贸易枢纽，还有普陀山等观光胜地，旅游业也十分火热。2009年，此地建成了金塘大桥等五座[2]桥梁。由此，宁波和舟山群岛终于得以相连，两地之间的社会与经济联系也更为紧密。

回到宁波的自然环境。根据柯本的气候分类[3]，宁波的气候属于温暖湿润气候（Cfa），年平均气温为16.1摄氏度（最冷月一月的平均气温为4.3摄氏度，最热月七月的平均气温为27.8摄氏度），年均降水量为1374毫米，温暖，湿度平均，且四季分明。如图1所示，宁波的气温和降水量的年际变化与神户（平清盛为日宋贸易建造的福原——福原即神户市兵库区的旧称）基本一致。宁波地区的降水量本就存在内部差异，例如山地降水多于平原、西南部多于东北部等。与日本一

---

1 原文此处为“三平平原”，应是资料出入。——编者注

2 其他四座分别为岑港大桥、响礁门大桥、桃夭门大桥、西堠门大桥。——编者注

3 德国气象学家柯本提出的世界气候分类。大致分为极地带E、内陆带D、温暖带C、干旱带B、热带A五类，各类别中又有细分。温暖湿润气候Cfa是指温暖（C）、湿润（f），且最热月平均气温为23摄氏度以上（a）的地区。

样，夏季到秋季之间，来自太平洋的台风频繁侵袭宁波，带来了狂风、满潮、暴雨、洪水等自然灾害。加之季风的影响，宁波每年的降水量波动极大，洪涝与干旱并存。宁波人就是在这样的自然环境中构建生活的。

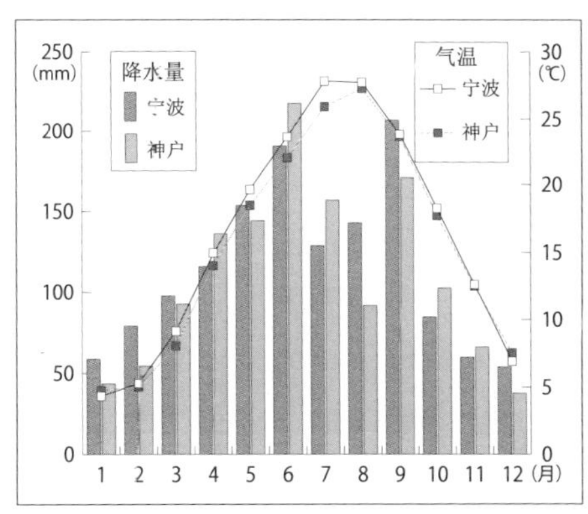

图1　宁波与神户的年际平均气温与降水量对比

（2）宁波，东亚海域交流枢纽

上海虽是当今中国第一大贸易口岸，但其历史并不长。作为因《南京条约》而被迫开港的五个港口之一，上海自1842年以来飞速发展，至今仅有100余年的历史。此前，宁波一直作为东亚海域交流的重要枢纽。在《文化之都：宁波》的序言中，我们已谈到宁波作为港湾城市（“港城”）的特点。为了方便理解本书，此处再作简单介绍。

浙东运河的开凿，是宁波发展为海港城市的主要原因。浙东运河将流经杭州附近的钱塘江[1]和甬江支流之一的余姚江连接了起来。其原型早在1400多年前的六朝时代就已存在，唐宋时期才通过整治修缮成为运河。宁波通过浙东运河与杭州相连，杭州又通过大运河连接

1　上游名为“富春江”，以“新安江”“兰江”为源流。其被称作“涌潮”的倒流现象世界闻名。

到洛阳、北京等历代都城，因此，实际上宁波就是大运河南端的终点。通过大运河和浙东运河，宁波逐渐发展成为连接都城及各国的交流与贸易集结地。

唐朝常与日本、新罗、东南亚有船只往来，日本船按规定先要驶入宁波港。遣唐使最澄也是在宁波登陆的。之后的荣西、重源、道元等名僧及留学生也均由此登岸。最初提到的雪舟自然也不例外。

到了宋朝的999年，官府在杭州、广州以及宁波设立了管理贸易的“市舶司”。由此，宁波就成了中国与日本和高丽之间往来船只的唯一进出港，这也确立了宁波作为东亚海域交流枢纽的地位。宋朝后期定都临安（现在的杭州），宁波因与都城较近，其作为同外国交流和贸易集结地的地位得到了进一步提升。虽然距离临安超过100公里，但有浙东运河的航路相通，宁波实则是临安的外港。从与日本的关系而言，平清盛下令整修大轮田码头（现为神户的一部分）之后，宋日贸易才得以繁荣。

元明时期也在宁波设立了类似市舶司的“市舶提举司”。元朝1281年的弘安之役[1]中，十万江南军乘约3500艘战船从宁波出港驰往日本。明朝的宁波与日本之间已有日明贸易（勘合贸易），但因为1523年大内氏与细川氏引发的争贡之役[2]，日本船只被禁止入港，倭寇与海盗猖獗。后来又因为明朝廷采取海禁政策，舟山群岛等近海地区走私贸易盛行。

---

1 文永之役（1274年）后，蒙古军二度来袭。蒙古与高丽的联合军东路军四万人自朝鲜半岛的合浦（今韩国庆尚南道）出发，旧南宋军的江南军十万人自庆元府（宁波）出发。两军合流之后，于肥前国的鹰岛（今属长崎）遭遇暴风雨而溃败。

2 争贡之役，日本称“宁波之乱”。日本大名大内氏与细川氏各派遣贸易使团来华贸易，两方在抵达宁波后因勘合真伪之辩发生冲突，爆发了武力杀戮，给当地居民造成了严重损害，有明朝官兵战死。这一事件直接导致了明朝与日本贸易断绝。——编者注清代不再延续明朝严格的海禁政策，并在宁波、厦门、广州、上海设立了“海关”。清朝末期，在鸦片战争中落败的清政府与各国签订了《南京条约》，自此宁波与广州、福州、厦门、上海一同成为五个指定通商口岸。

上述的中国历史揭示了宁波始终是东亚海域交流与贸易的枢纽。之后，随着近代以后上海的发展，宁波的地位虽然有所下降，但仍然是中国重要的贸易港口之一。

宁波港位于余姚江和奉化江合流而成甬江之处，即三江口，宁波即是以三江口为中心逐渐发展起来的海港城市。在三江口老宁波港的基础之上，1970年又建设并修整了镇海港与北仑港，现在的宁波港已是三港一体的复合型港口。镇海港位于甬江口，既是集装箱等集散的物流枢纽，也是煤炭装载港。北仑港位于延伸到东海的穿山半岛，不受甬江等泥沙堆积影响，是一处深水良港，也是中国四大国际深水港之一，满潮时可容纳二十万吨级的船舶进港。与镇海港相同，北仑港既是集装箱等集散的物流枢纽，还是铁矿装载港，更是国家石油战略储备基地指定的、中国屈指可数的原油储备基地。近年来，北仑港与舟山市港口的一体化不断推进，2009年《宁波-舟山港总体规划》获批，规划中制定了与上海港共同成为世界一流港口的目标。2008年，宁波-舟山港的集装箱吞吐量达到1122万TEU[1]，居世界第七，其货物吞吐量仅次于上海，为世界第二大港。

此外，我们应该知道，宁波还是重要的军事基地。宁波是东海舰队司令部所在地，为了安全防务，其军舰会在东海巡航并不时经过冲绳（琉球群岛）公海进出太平洋。就这一点而言，宁波也算是日本的近邻。

---

1 表示集装箱船舶的装载能力的单位，1TEU即一个20英尺标准集装箱。

（3）今日宁波

宁波市由六个区【海曙区、江北区、江东区（现增奉化区，原江东区划归鄞州区）、镇海区、北仑区、鄞州区】和五个县市【余姚市、慈溪市、奉化市（现为奉化区）、宁海县、象山县】组成。中华人民共和国成立之初，宁波市已有257万人口，之后逐年增加。2008年，宁波人口超过550万。其人口规模和面积与日本兵库县（人口为560万人，面积为8395平方千米）相近，且人口变化趋势也几乎一样（图2）。此外，两地的发展定位都为港湾城市，这一点也很相似。

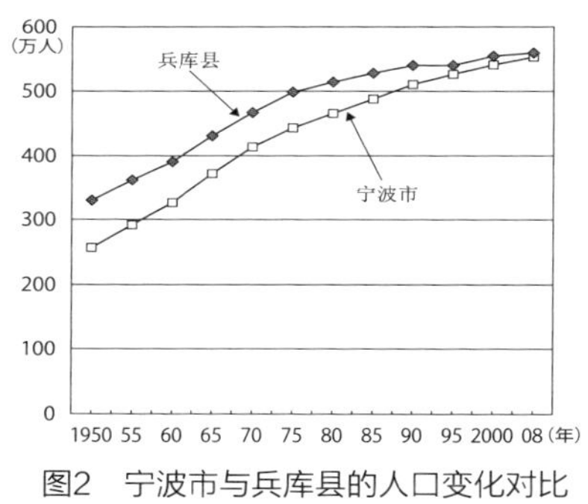

图2　宁波市与兵库县的人口变化对比

历史上，宁波一直是东亚海域交流的重要枢纽，而今宁波作为港湾城市仍具有十分重要的地位。1984年，宁波被指定为沿海开放城市[1]，吸引了大量投资。

图3展示了1978年改革开放以后不同产业生产总值的变化。自成为沿海开放城市以来，宁波第二产业比重不断增长，生产总值也有所增加。20世纪90年代之后，宁波实现了经济的高速增长，90年代中期以后，第三产业的比重也开始增长。

1　作为贸易枢纽，以技术引进为目的设置的、等同于经济特区的经济开发区。全中国共设立了十四个。

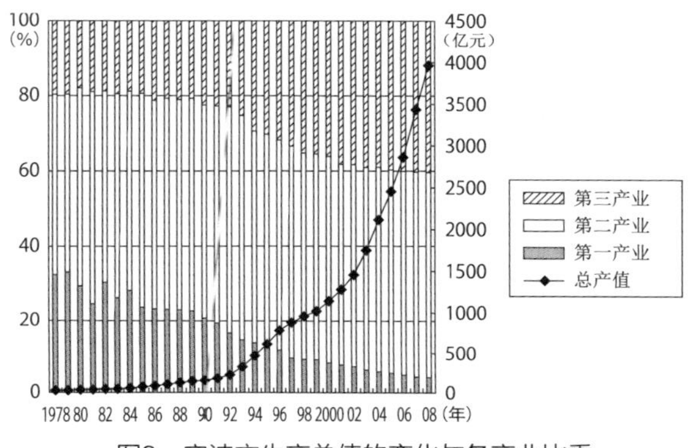

图3 宁波市生产总值的变化与各产业比重
（据《宁波统计年鉴》制）

值得注意的是，第一产业的增长较为缓慢，2008年仅占生产总值的4.2%。1978年，宁波的农作物种植面积为63.8万公顷，到2008年为33万公顷，减少了近一半。宁波的农作物以水稻为主，近几年也生产蔺草并出口日本。另外，棉花也是宁波的重要农产品之一。到20世纪80年代为止，以北部三北平原为中心，宁波的棉花种植面积超过了7万公顷，形成了棉花的一大产地。然而，到了2008年，棉花种植面积缩小到了鼎盛时期的十分之一。导致这一现象的，是宁波经济的高速增长和城市化与工业化的影响，还有农业生产者的减少，以及农业用地被大量转化为住宅与工业用地。

相较于第一产业的衰退，第二产业却发展显著。因宁波是棉花的产地，有许多工厂设厂于此，纺织业逐渐发达。而且，宁波市还作为时尚之城广为人知，许多服装企业在此选址。与轻工业一道，重化工业也发展迅速。20世纪70年代之后，随着镇海港与北仑港的完善，新的工业区域逐步形成，尤以石油化工的发展最为引人关注。

从20世纪90年代中期开始，第三产业实现了超过第二产业的快速增长，宁波的产业结构也因此向第三产业转型升级。宁波不仅在历史上是贸易枢纽，同时也如上述的集装箱吞吐量所示，是中国的物流中心之一。随着向外贸企业和工厂提供优惠政策的经济技术开发区以及促进外国企业入驻与加工贸易的保税区的出现，相信宁波的经济在未来仍会持续增长。

宁波不仅是东亚海域交流的枢纽，也是中国的历史文化名城，文化遗产丰富。不止于交流和贸易，宁波还是中国佛教圣地，更是文人官员辈出的文化名城，天一阁藏书楼（私人馆藏）就是其象征（详见《文化之都：宁波》）。而今，宁波正在利用这些丰厚的文化遗产，积极开发观光旅游资源。我们相信，随着横跨杭州湾、全长36公里的杭州湾跨海大桥及杭州湾沿线高速公路与铁路的建成，上海、杭州、宁波三地间的交通运力将大幅提升，作为旅游城市的宁波未来可期。

结　语

无需赘述，生活一定是多姿多彩的。就此而言，本书涉及的话题实在少之又少。虽然我们在“专栏”中介绍了宁波名菜和宁波近郊的陶瓷器等以尽力弥补不足，但仍有太多内容未能涉猎。我们并非要求读者们宽容我们的不足（虽然像是借口），但读罢本书，倘若能使大家对与日本紧密相连的宁波生活感兴趣，并愿意亲自到宁波一探究竟的话，实是万幸，而这也是本书最大的意旨所在。

（本书基于冈元司遗留下来的构思，

由早坂俊广、南埜猛、高津孝等共同执笔完成）

目录

第Ⅱ部分　漫步体验：浙江的生活文化

第Ⅰ部分

『水世界』宁波的环境与社会

第一章 “水乡”宁波的生活

第一节 “水世界”的城市环境

为何聚焦宁波?

2011年，世界各地发生了特大自然灾害。日本东北部发生了大地震，由此引发的巨大海啸导致许多城镇消亡；同年，因异常气象引起的降雨，泰国发生了特大洪水，大部分国土被淹没；等等。这一年交予人类的一个重大课题就是，我们必须从根本上重新思考人类如何才能与地球自然共生共存。

这些灾害中，水是最大的“患”。本应被巨大堤防阻挡的水，本应受到水位控制的水，却超乎人们的预期且突破了科技的能力，破坏甚大，夺走生命。而另一方面，这个时代下除了应对水患，还要面对水资源枯竭导致的旱灾。尤其对于集中了世界六成人口的亚洲来说，这无疑是21世纪最为重要的课题。

离开水，人就无法生存。除了供人饮用外，水还用于工农业生产以及居民生活等，用途多样。更重要的是，水也是人类娱乐与信仰的对象，是人不可或缺的精神寄托。曾经，水路将城市和地区甚至海域连接起来，组成了一个完整的骨骼脉络。这一脉络远超现在，使人的移动更为便捷、物资的移动更加便利。如此密布的水运网是支撑政治、经济和社会的基础。

总之，人们在与水的关系中追求的是“趋其利、避其害”。这两个目的看似互相矛盾，但在人们长期在此谋生，且自古以来便承担着区域中心功能的城市却得到了堪称模范的融合。一座城市，既要很好地驾驭水，又要让人们更多地享受水所孕育出来的富饶生活和舒适环境，为谋求这般与水的和谐共存，就不得不常年与水斗智斗勇。

可以说，宁波就是这么一座在摸索中不断实践的城市。宁波位于多水之地——江南，该地区的自然环境奇特，陆地与海面齐高，水域多到甚至给人一种水域的面积大于陆地的错觉。宁波同时也处在入海口，这里河流遍布，通过船舶与其他地方连接在一起。过去，城内河道交错，密如网眼，勾勒出富于变化的各个区域，架构起整体功能完备的城市环境。

而今，我们需要向宁波学习如何解决21世纪里与水共存的诸多问题。以宁波为对象、立足水城的视角探寻其历史原貌，意义重大。

为此，我们首先要从历史角度全方位了解宁波的城市空间，并以工商用地及官绅住宅为对象，去观察在不同时代背景下，宁波作为城市如何与水紧密联系在一起并形成了各富特色的区域。

特别是在宋代至清中期这段时间里，宁波展现了怎样的城市特征？我们将以空间为轴，通过历时考察探究宁波城市演变的时代背景。为此，不仅需要分析文献史料，还需结合城市实地调查才更有效。一座城市的容貌，虽然会随时代而变化，但其道路、河流、用地划分、街区以及内部的空间结构则鲜少发生根本性的改变。换言之，现在的城市空间是在多个层面上日积月累形成的，通过解析每个层面，就能清晰了解这个城市的空间布局。故而，我们必须进行实地调研，走遍这座城市的每个角落，倾听物件无声的倾诉，理解并拼凑其城市的布局。

解读宁波的两个视角

宁波的城市形态不似北京和苏州那般方正，而多近似华中以南地区的卵状或圆形，即宁波虽在中国城市等级中稳居府（州）城，但其城市规划却是县城及县城以下的样貌。这是因为宁波城形成于两条自然河流——奉化江和余姚江的交汇处，加之城外东部有一个重要外港，所以宁波又是一座港湾城市。宁波城最大的作用就在于充分发挥船运优势。

而另一方面，城内主要官厅所在地、道路规划乃至主要寺庙的选址，都呈现出与中国传统城市一致的空间布局（图4）。府衙位于贯穿城市东西的大道以北，主干道由此一路向南延伸。祭拜思想哲学的始祖孔子的文庙在城东，供奉武将关羽的武庙则在城西，这便是所谓的儒家空间布局。宁波在实现传统的城市布局的基础上，又立天封塔[1]于城市东南，并以东边之湖为日湖、西边之湖为月湖，在构建城中整体格局时兼顾了体现风水思想的空间布局理念。

综上所言，把拥有大型港口的城市看作拥有外港和内城两种不同面貌的“双核城市”，就容易理解了。因此，分析“海港城市”和“传统城市”的具体结构性差异，是解读宁波的一个重要视角。

1　因建于唐代695年天册万岁至696年万岁登封年间而取首尾二字，命名为天封塔。

图4 宁郡地舆图（清嘉庆年间，1800年左右，美国国会图书馆藏）

港城宁波

宁波作为历史上与日本关系密切的港口而广为人知。它既是亚洲各国来华的入口之一，也是从中国大陆离境的一大出口。宁波东城外是一个具备商业功能的港口，与之配套的城内东部也到处都是工商用地。

2000年，宁波再次进行了开发改建，现今的风貌已经发生了巨大的变化。对照1925年的宁波地图可知，城外的甬江、余姚江、奉化江沿岸都是码头（图5）。特别是这三条河流交汇的三江口沿线的河床地带，汇集了寺庙、商业建筑及同乡会会馆、集市、仓库等工商用地里不可或缺的重要城市设施。与包括日本在内的近代亚洲国家的租界一样，在河流对岸的东北部岸边，排列着西欧各国建造的带有露台的殖民风格洋房（图6）。出入海港城市宁波的不仅有中国国内人士，还有很多海外商人和从事外交的人员，英国领事馆也曾经设在这里。因此，船上的人在入海口最先看到的近代宁波风景，就是这般西式街景。其中，1921年由德国西门子公司设计的中国通商银行，因比周围的建筑高很多，从而成为当时港城宁波的一个地标。这一地区的基础设施也最为先进，在1930年代的甬江沿线道路工程中，路幅被加宽了近20米，还规划了人行道。

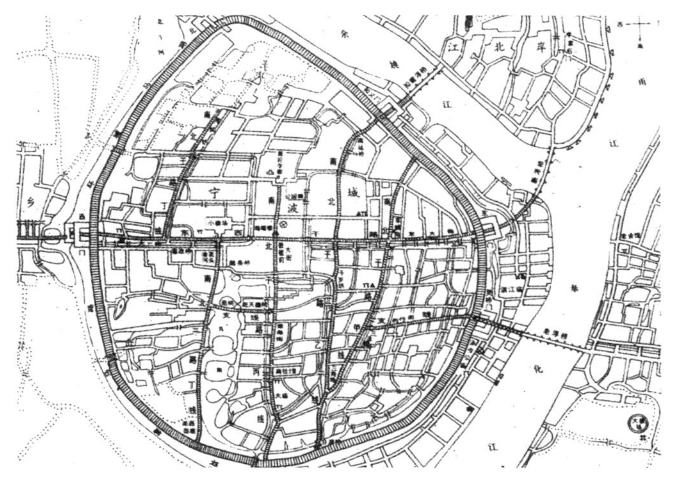

图5　1925年宁波城厢图（引自宁波市文化局《中国宁波建城1180周年纪念》，2001）

图6　1900年代对岸的租界
（引自《宁波旧影》，宁波出版社，2004）

地处东边城墙与河流之间的江厦附近是中国商人的聚集地，那里除埠头以外，还有许多卸货场、船坞修建厂、批发销售及金融业的店铺等等。最为热闹的是东渡门和灵桥门之间的天后宫一带。那里的石板路与鳞次栉比的中国南方传统民居，展现出一幅与外国人居留地截然不同的街景（图7）。其中的数家会馆更是充当了当时商人们的经济依靠和精神寄托。现存的建于1850年代的庆安会馆[1]和安澜会馆[2]、专为福建人打造的福建会馆和钱业会馆[3]都极具代表性。

如上所述，宁波的城建处处都在兼顾航运便利性的同时，又根据工商用地的特征开展土地利用，从而孕育出了一个富有海港城市特点、华丽且生机盎然的滨水空间。

1　为北方船夫和商船业者设立的同业会馆。正殿里设供奉妈祖（保佑航海安全）的天后宫。

2　对应北方商船业者的庆安会馆，为南方的商船业者建造的同业会馆。此处同供奉妈祖。

3　为金融业者建造的同业会馆。

图7　1940年代的江厦街（出处同图6）

传统城市宁波

我们可以认为，虽然中国的传统城市都是根据各自独特的地形而对城市形态和空间结构进行布局的，但其规划基本基于儒家和风水两种思想。

儒家思想体现在四方形的城市形态、清晰的南北中轴线，以及左右对称的结构上。最为理想的布局，是在中轴线以北设官衙、南面通大道、东立文人堂、西建武人营，文武均等分布左右。

宁波位于大型天然河流的交汇点，又因重视港口功能，故未能实现方形的城市形态。但除此以外，其城建基本遵循了上述思想。管理宁波政务的府衙设于城市中央偏北的位置，府衙朝南延伸出一条大道。另有文庙孔庙（县学）建于大道之东，武庙关帝庙设于大道之西。为禳解守土、保境安民之用且统领所有土地神灵的城隍庙，其选址也颇有意思。县级以上城市的城隍庙，多是官民共同祭祀的地方。惟其如此，宁波域内各府县的城隍庙都建在府衙或县衙南面的一条东西方向的大路上，供官民祭祀使用。

另一方面，日湖、月湖和天封塔的位置则彰显了风水思想。过去，宁波城内南部有日湖、月湖两大湖。但因北宋11世纪末以来填湖造地不断，时至今日，月湖已缩小了很多，日湖则早已在地图上绝迹。在中国的风水思想里，以塔为笔，在塔下造湖、池为砚，能使此地成为文运亨通的宝地，科举及第者必辈出不尽。而且，二十四方位中的东南巽位、东方甲位和南方丙位及丁位都被视作掌管文运昌盛的文昌帝君的方位，若在这些方位上有高山丘陵抑或筑塔，便能文运长久。按照这些思想，我们就可以看到天封塔即为毛笔，月湖与日湖即为砚台，以及天封塔位于东南方位（图8）。此外，也可以用阴阳思想来解释日湖与月湖的位置，即位于日出东方的日湖为阳，位于日落西方的月湖为阴，形成阴阳对应的布局。

就这些城内空间构造中的道路铺设、各项设施的选址、湖的布局及寓意等诸多方面而言，宁波与北京、苏州等中国的其他城市一样，都呈现出显著的传统特征。

宁波的住宅区

关于宁波，斯波义信曾言“与汉口不同，宁波的官僚、士大夫阶层和工商阶层分别处在城内不同的区域，彼此共生共荣。城内的两大核心，即官绅区与工商区两个中心共存的形态，是宋代以后城市的一般布局。”同时他还指出，从居民的男女比例和一些府衙所在的位置来看，官绅的住宅区在北部或西部，而工商用地则位于东部。[1] 如此，将毗邻港口的东边作为工商用地，将清静的西边作为住宅区，实现了对土地的合理利用。

1 斯波义信著，《中国都市史》，东洋丛书九，东京：东京大学出版会，2002。

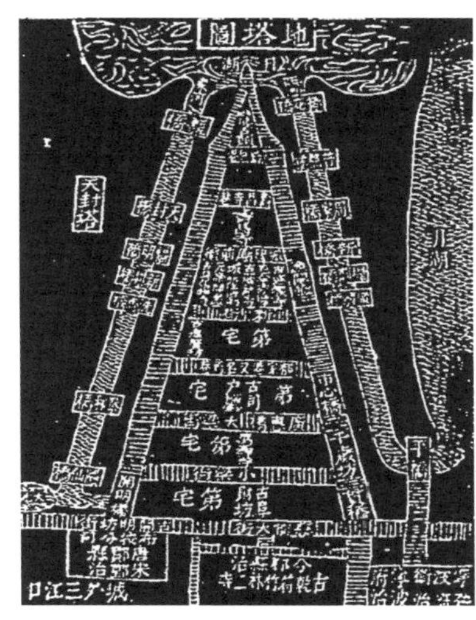

图8　地塔图（清康熙《鄞县志》卷二十三）。绘有从鄞县县衙至南边日湖的区域。虽为有中心轴且左右对称的儒家空间布局，但据文章所述“其地南锐北丰层分角转”可知其呈塔状，故称“地塔”（地面之塔），又有天封塔、水系、七层住宅用地等，乃风水宝地。

如果观察旧时的官绅住宅区，就能发现那些住宅是与河道融为一体的。我们仍能从史料里找到永寿街的名字，可见14世纪以前的西北部永寿街一带这种趋向尤为明显。这里寻求的正是通过与水紧密结合来打造良好的居住环境。

永寿街一带在宁波城内地势较高，本就适宜建造住宅区。其道路设计和宅地排列所形成的街区结构，与北京、苏州同为中国传统形态。东西道路和南北道路垂直交错呈网格状，东西道路两侧是一排排的住宅，其中靠南的住宅整齐排列，且都有一个小院子(图9)。然而，这些住宅的建筑面积和样式与开间小且进深长的中国城市典型住宅有着显著差异，皆为大开间、短进深。明代15世纪中期以后对于房屋进深的规定有所放宽，加上明末清初城市住宅开始呈高密度化，房屋开间逐渐变窄，但我们在此处却没有发现这些痕迹。可以说，永寿街一带的住宅是较这些变化更早的老屋。

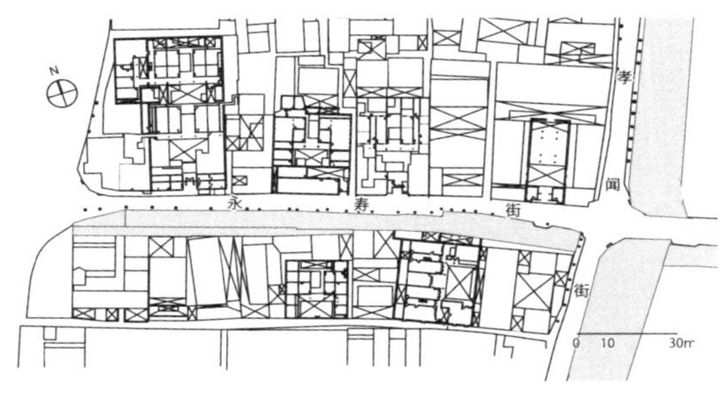

图9　永寿街复原图（根据现在的街区实测平面图所制）

重焕生机的滨水居所与街道

从1925年的《宁波城厢图》中可见，永寿街一带的道路必定伴有河道（图5）。而今这些河道已被尽数填埋，我们无从知晓其本来面貌。但12世纪中期的南宋乾道《四明图经》卷一的“水利”部分中有“……周之以远近。自郭之内，家映修渠，人酌清泚”的记载，足见宁波的住宅区自古以来就河道密布，与住宅共为一体。

手持这张地图漫步当地，我们还有一个重大发现。过去，这片住

图10　永寿街的行道树

宅区极其重视环境与景观。河道沿岸到处都种着行道树（图10），各家各户门前遮蔽夏日灼热日光的树木郁郁葱葱，树下一泓清流缓缓淌过。

按照南北道路和东西道路方向，通过复原道路、行道树和住宅的关系，可将其分为以下三种。

- 南北道路：住宅—行道树—道路—行道树—河道—住宅
- 东西道路Ⅰ：住宅（后门）—河道—行道树—道路—住宅（正门）
- 东西道路Ⅱ：住宅（后门）—道路—住宅（正门）

在华北一带的内陆城市里，东西道路Ⅱ最为常见，在宁波却很少。

而南北道路和东西道路Ⅰ模式的特征是行道树、河道、道路融为一体的住宅区景观。这类东西道路，南侧流水潺潺，北边树木林立（图11）。因此，位于道路南侧的住宅，其后门旁就是河道；而道路北侧的住宅则在正门前有道路、行道树与河道。河道在后或在前，人们对水的认知也有所不同。诚如苏州等江南水乡城市里常见的那样，对

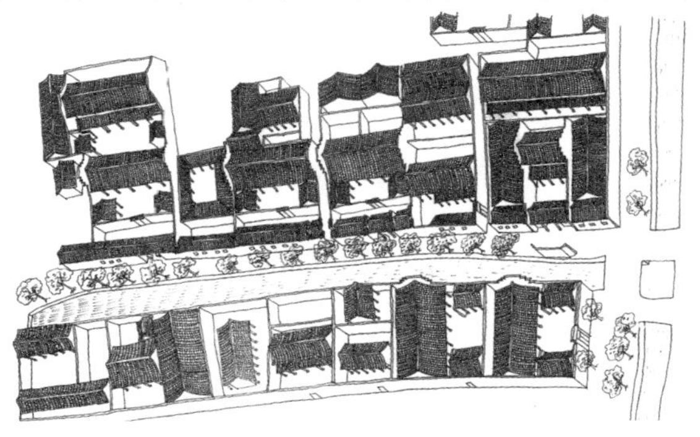

图11　永寿街鸟瞰图。东西走向的永寿街沿街有河道流经，其北种着行道树，更北边有朝南的宅邸林立

于背对河道的住宅，河水主要作为生活用水；而之于面对河道的住宅，河道则与行道树一同组成了点缀住宅门面的景观要素。

通过分析古地图和发现行道树的存在，我们得知以前宁波西北部的住宅区与河道之间的紧密关系。这片住宅区以水为中心，构建了良好的居住环境和街道景观，正适合作为统治阶层官绅们的住宅地。在已知最晚打造于12世纪的中国传统城市之中，宁波的这种城市布局可谓极为珍贵的一例。

永寿街的居民

那么，这样的地方究竟住着何许人也？

清康熙二十四年（1685年）的《鄞县志》里记载，呈东西向的河道流经水浮桥下……河畔有林特进和沈元戎的旧宅以及陈明府宅。此处的水浮桥是位于东西方向的永寿街和南北方向的孝闻街交叉处的一座桥，由此说明林、沈、陈宅早在17世纪后期之前就已建成。孝闻街曾是宋人杨庆的居所。据《宋史》“孝义传”记载，因其功绩卓著，孝闻街在宣和三年（1121年）曾被命名为“崇孝”。并且据清乾隆《鄞县志》（1788年）记载可知，此处的河岸边曾是李御史、李驾部等官员的宅邸。

这些史料都展现了当时的河道沿岸，象征官绅住宅区的宅邸鳞次栉比，说明河水与植被环绕的极佳居住环境是在官员的主导下规划并修建的。史料中记载的这些宅邸，经过修葺和改建，至今尚在。

林特进本名栋隆[1]，明万历十七年(1589年）科举中进士[2]，任吏部左侍郎。其子也曾就学于国士馆，后任刑部主事(清康熙《鄞县志》)。

关于沈元戎，有文献记载其后裔沈瑄在清嘉庆年间（1796—1820年）曾任广东水师提督（清•徐兆昺《四明谈助》)。

陈明府在清康熙二十年（1681年）作为替补考中科举乡试，并成为长乐县知县。后来他将相邻的地皮并入建造了宅邸。上海县知县（上海令）叶机也曾居住于此。之后的数百年，这座宅邸一直是官绅的住宅（清•徐兆昺《四明谈助》)。陈家也有后代奉职后返回宁波担任月湖书院院长。伏跗室(参考《文化之都：宁波》“专栏：养育‘中国版卢梭’的土地”)就是孝闻街上的一处宅邸，它的主人正是修复月湖湖畔天一阁的负责人。可见，这个官绅住宅区的居民们就是承载宁波文化建设的主要角色。

这三座宅邸都建于永寿街北面，而永寿街北面还有一座豪宅。那是14世纪明洪武年间，祖上是第一代武略将军叶绅的叶家之宅（明•高宇泰《敬止录》)。根据史料中记录的族谱后代命名方式来看，买下陈明府宅的叶机应是其旁支。

官绅之居

中国的住宅从富商到官吏乃至皇帝，都遵循“前堂后寝”的原则，即前面是兼作礼仪空间的客厅，后面是兼顾起居的卧室。比之更大的

---

1 原文如此。但据清徐兆昺《四明谈助》所载，林特进名林保，为北宋名臣。林栋隆为其后裔。——编者注

2 原文如此。但据国内资料，林栋隆中进士的年份是万历四十七年，即1619年。“林栋隆中举早在万历二十八年(1600)，但因试策触犯时忌被抑，迟至万历四十七年(1619)才中进士。”引自李慈瑶，《家国末路:明季鄞人林栋隆宦迹考》,《宁波大学学报（人文科学版)》，2019，32(03)：11-17。——编者注

住宅不少，但那不过是在后面或左右两侧加建了另外的房屋而已。

永寿街的住宅里，进入一个相当于门长屋[1]一样的门厅之后，就是一个较小的前庭。随后，经第二道门入内，就会来到前堂前的中庭和前堂，再往里走一点，就是后寝前面的中庭与后寝。有些住宅还会盖有其他屋子，但这种结构的住宅仍占多数。仅凭这一点，永寿街的住宅就与18世纪后期那些内部房屋多处彼此相连的苏州和杭州的住宅不同。

另外，永寿街住宅主屋的开间要宽于普通住宅的三间，达到五间甚至七间之宽（图12）。最晚在唐代以后，根据居民阶层的不同，开间的间数受到严格限制。惟其如此，开间的间数便成了显示永寿街宅邸主人身份高贵的重要指标之一。但在宁波附近城市的清代住宅中，即便房主是更高一级的官员，其宅邸的开间却依然很窄。由此可以推断，永寿街的住宅没有明显受到明末清初江南城市高度利用土地的影响，仍保留了过去更为古老的建筑样式。

图12　五间门面的沈宅中庭

从主屋进深的架构形式来看，林、沈、叶宅均为九架。其中也受到身份制度的严格限制，比如在明代，只有最高级的一品与二品官员

1　长屋：日本传统住宅形制，形状狭长，连续排列。——编者注

才能使用九架。这些房屋的主人未曾担任过如此高的官职，因此我们认为，这极有可能是明代进深规制趋于宽松的体现。

还有一点值得注意的是二门的存在。包括残存的痕迹在内，林、沈、陈宅中都可见二门的存在（图13）。尤其是在林宅和陈宅中，正门位于宅地东南角，左转穿过一个小前庭，就可到达中轴线上的二门。这种结构与北京的四合院完全一致，且不说在苏州、杭州与绍兴，即使在中国其他地区也不多见。这些在江南罕见的宅地形态和住宅空间，与其说是官绅们向往都城而模仿北京的住宅，倒不如说这些宅邸继承了在中国各地因地制宜发展出多样化的建筑以前的，那整齐划一的中庭型住宅原有的样式。

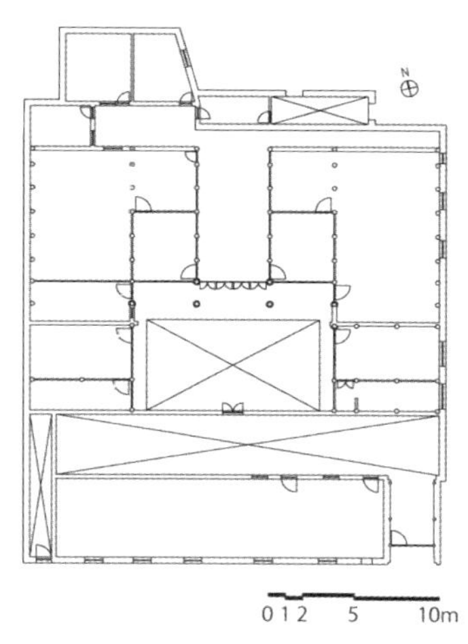

图13　陈宅实测平面图。进入大门左转可见中央二门

最后来看宅邸正面的结构。林、沈、陈、叶宅的正面中央两侧都立有叫作“八蕨”的斜袖壁。袖壁倾斜的角度越大，屋主的身份地位就越高。不仅如此，在叶宅，还有一大块“照壁”与其隔路相望，与八蕨形成一体又互相对峙。八蕨和照壁都仅限高官使用，婚丧嫁娶之

时，他们可以占用八蕨和照壁之间或八蕨前面的道路。

作为官绅住地的永寿街，其讲究水与草木搭配的街区结构，以及那绝无仅有的古老住宅式样，纵然在广袤的中国大地上，也显得十分宝贵。

环境的治理与名胜的由来

永寿街是建立在宁波较高地势上的古老住宅区，与之相反，西部月湖周边为多水的湿地，不宜居住。然而，随着城市化的发展，人们亟需开发新住宅区的同时，又以多水环境为优势进行规划整顿，在城内建设出一块自然丰茂的宅地。文人们欣然在此处择居，首先修建了书院与别墅。

月湖最初展现全貌是在元祐八年（1093年），河流湖沼因遭大旱而干涸暴露。人们以此为契机，修整湖泊并兴建岛屿（图14）。明嘉靖三十九年（1560年）的《宁波府志》第十九卷中对此进行了详细的记载：太守刘珵在疏浚并复原月湖时，堆土为岛状，并称之为十洲。十洲风景各异，分别被命名为芙蓉洲、雪汀、烟屿、芳草洲、柳汀、花屿、松岛、菊花洲、月岛和竹屿。根据宋代的记录，当时为改善土质与水质而栽种了松树和花草。[1]

宁波城内由此诞生了水和绿植丰富的风景名胜，后来，这里便也成为诗文的题材而被广为吟咏。1999年，芙蓉洲中发掘出了约五百年前的抱鼓石（图15）。抱鼓石是放置在达官显贵住宅正门两侧的装饰物。这一发现表明，16世纪左右此处已有官绅宅邸。月岛和花屿之间建有水上戏台，绚烂的都市文化在这湖水之滨璀璨绽放（图16）。

1　傅璇琮主编，张伟、张如安、邢舒绪著，《宁波通史　宋代卷》，宁波：宁波出版社，2009年。

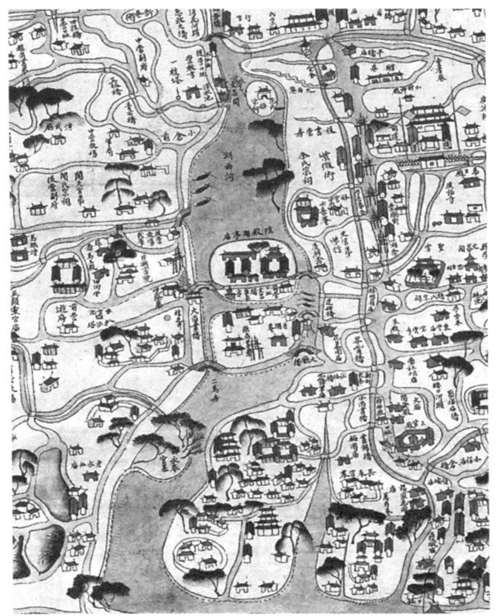

图14　月湖（《宁郡地舆图》部分）

图15　发掘出的抱鼓石
（引自杨古城等《四明寻踪》，宁波出版社，2002）

图16　水上戏台
（引自《宁波旧影》，宁波出版社，2004）

根据明嘉靖年间（1522—1566年）的记录，彼时日湖长120丈、宽20丈，周长250丈，呈细长状，古来经常举行龙舟大赛（参考本章第三节）。月湖长350丈、宽40丈，周长超过730丈，占据了宁波南部很大范围。但据约百年后的清康熙《鄞县志》记载，当时日湖已经消失，填湖造地的非法宅地不断扩大。其中没有月湖的记载，但由于明末清初时江南城市的土地处于饱和状态，可以推断此处情形应该也大致相同。清代的城市地图中将日月二湖画得比以前小，亦佐证了这一推断。

宅地开发与滨水建筑

16世纪末到17世纪之间，宅地化随着填湖造地而大幅推进。与永寿街不同，因是各自开发，道路和用地划分上缺乏区域统一的整体规划。

尽管如此，各处在充分利用环境的同时，城建中也萌发了门面临水的意识，形成了不拘泥于中国传统坐北朝南偏好的宁波独有的住宅区。位于旧时芙蓉洲南面的天一阁、月湖书院、秦氏支祠，都建在风光明媚的水滨，每座建筑都正对水面，并在临水一侧设有入口（图

17）。另外，月湖周边的道路并非笔直一条，而是弯弯曲曲的，且遍布死胡同。为了分清地界，许多地方都放有标示自己宅地边界的“界石”（图18）。因为无法建造像永寿街一样以东西道路为中心的矩形街区，所以住宅不能面南，只能临水建在缩小的湖边。比如月湖中央西畔的桂井巷里，整个街区都是如迷宫般交织的小巷和死胡同，所有住宅都面朝月湖所在的东面（图19）。

图17　月湖书院图（引自清乾隆《鄞县志》卷首）

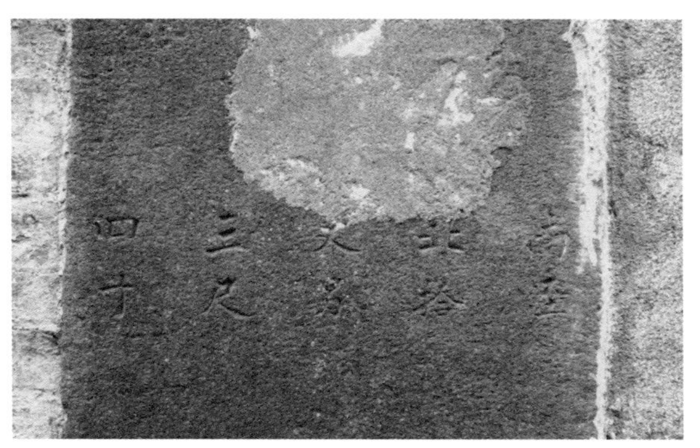

图18　表示月湖大书院巷地界的“界石”

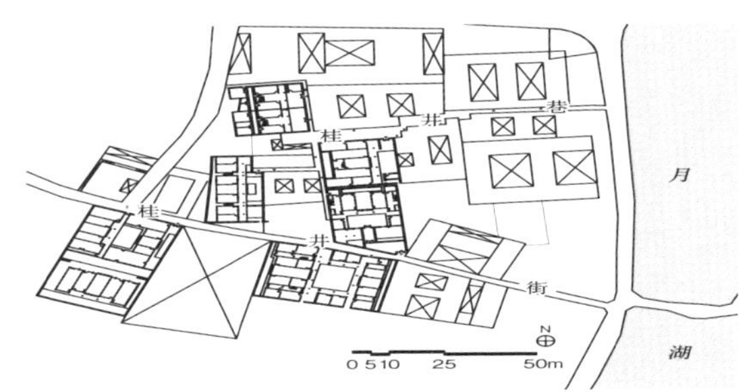

图19　月湖桂井巷、桂井街平面图
（引自清乾隆《鄞县志》卷首）

总而言之，为了建造新宅地而开发土地的官绅们，相较于中国传统的方位性和住宅结构的合理性，反而更加重视风景名胜月湖，在各处建造了高度结合环境考量的滨水建筑。

与永寿街的住宅相比，这些月湖畔依水而建的住宅开间更窄、中庭更小，并且几乎不设二门。其中建筑年代较早的为18世纪，余外多建于20世纪初的民国时期。在追求土地高度化利用的时代，这些建筑的规模也有所变化。而且，由于各处的住宅都是基于填湖造地建成的，所以不同住宅的结构、高度及装饰等也各式各样，形成了官绅住地高低错落、形式多变的建筑风貌。

铺木地板的住宅群

中国的建筑，不仅是寺院和宫殿，住宅也在夯土的地基上铺以烧制的砖作地板。这与直接受到中国影响的日本古代禅宗寺院完全一样。然而，月湖边的住宅里却铺设木地板，并在地板下设有通风口（图20）。这在中国极其少见，却与日本高度相似。

图20　铺着木地板的住宅（大书院巷）

虽然这会令人立刻联想到与日本的关系，但事实并非如此。首先，永寿街里并无一间这样的住宅，表明这是月湖周边独有的特征。

究其缘由，首先是地基的不均匀沉降。那里的土地都由填湖而成，过去是湖或者含有大量水分的湿地，这种土地并不能保持长期稳固，如果铺设木地板，则只需调整地板横梁就能调节地板的水平状态。再者，由于地域特性，这一带的湿气极重。为了解决这个问题，石制地基里必须设置通风口。通风口的设计甚为漂亮，花纹也各式各样（图21）。

图21　地板下的通风口（桂井街登科第）

就这样，月湖从星罗棋布的名胜开始，后经过填湖造地的宅地化，逐渐成为宁波都市化的象征。各个时代对湖泊的重视，孕育了水城文化。也正因如此，才在宁波创造出了追求每处细节都匠心独具的高品质建筑的优雅情趣。

水城宁波

宁波有港湾、河网、湖泊和湿地，它的城市历史就是与水不断斗争的历史。这不仅体现在驾驭水的方面，宁波更在经济、环境、生活等各方面充分利用了水的优势，最终绽放出绚丽多彩的水城文化。

我们试图通过工程技术彻底消除水患，在不知不觉间忘却了重要的水文化，全身心投入对超乎预想的灾害的升级防御之中。我们也正在淡忘唯信技术只论经济而导致的恶果。而今，为了实现安居与生产并能，我们必须重新审视人类过去与水共斗共生的历史。当下正是我们需要思考如何根据环境改变生活的时候，而宁波就是最好的研究对象。

回顾历史，曾经的日本也存在过灵活且可持续的亚洲式思维，即虽然土地容易受灾，但我们将生命放在首位，同时也能快速推进城市和建筑的重建。因此，我们必须摒弃日本近代化进程中产生的盲目冒进、固执且不允许历史倒退的所谓近代思想，回归城市和人类应该遵循的原理。在这一点上，宁波能给予我们许多启迪。

（高村雅彦）

第二节　与水共斗的宁波

宁波三大水利设施——东钱湖、广德湖、它山堰

宁波地区属亚热带季风气候区，年降水量多而季节分布不均，春秋多雨，夏冬干燥。夏至秋初，农作物生长用水不足，需要人工灌溉。而且，宁波面朝大海，紧邻河川。自四明山而来的水虽汇入河流，但因与海相接，水的含盐度高，不能直接用于灌溉。满潮和台风来袭时的洪水容易引起潮水倒灌，但又很难排出。并且由于不易蓄水，些许日照就容易造成干旱。因此，宁波需要筑堤坝、蓄淡水，也要防止河湖泛滥并排洪，还要在防止海水倒灌的同时保证灌溉。

宁波种植双季稻，为此，必须有适宜水稻种植的土地并进行水利灌溉。本章冠以宁波“水乡”之名，而“水乡”的形成和维系都离不开人们在上述方面的积极参与。

唐代之前，宁波并没有完备的水利设施，唐代以后才修建了重要的水利设施。其理由和结果可概括为以下三点。

第一，唐代以前，杭州是南方港口的中心，但钱塘江泥沙淤积，致使其港口功能大幅减退，转移至宁波。随着唐代开辟了连接杭州与宁波的浙东运河，宁波逐渐成为国内外物资集散的港口，并源源不断地将物资运往杭州。

第二，北宋因金入侵而灭亡，北宋王朝的宗室贵族等从开封南迁，于1127年定都杭州，建立南宋。自此，杭州以南的宁波成为京畿之地，贵族、官僚、平民纷纷移居至此，人口剧增。据说到了南宋乾道年间（1165—1173年），整个明州的人口已达唐天宝年间（742—756年）的两倍之多。

第三是行政区划的设定与宁波市区的开发建设。自秦汉以来，宁波地区很长一段时间里指会稽郡（后改为“越州”）管辖下的鄞、鄮、句章三县。唐开元二十六年（738年），因鄮县是丝织品集散地，又被分为慈溪、奉化、翁山、鄮县四县，另设明州辖之。此后直至宋神宗熙宁六年（1073年），明州与鄮县的行政中心从小溪（现鄞江镇）移至三江口（现宁波市区），望海县（后来的镇海县）和翁山县（昌国县，后更名为定海县）归属于明州。至此，明州治下有鄞县、慈溪、奉化、象山、定海（更名自望海县）、昌国六县。明州的称呼在元代被改为庆元路，明清时期又变更为宁波府，但明州下辖六县的格局一直延续到了清末。

直到大历六年（771年），现宁波市中心的三江口都还处于未被开发的状态。随着上述行政中心的迁移，以及罗城、子城（大城区和其中的小城区）的建设，三江口一带的城市开发逐渐得以推进。唐太和七年（833年），在此前为州治的小溪，即现在的鄞江镇，建造了它山堰，完成了给三江口一带的城市供水渠道之后，宁波市区终于获得了稳定的淡水供应，饮用水也得到了保障。如此，随着三江口的不断开发，州治和县治的重心也逐渐转移到了这一带。

如上可知，水利设施不仅有利于农业生产，在城市建设方面也发挥着巨大作用。而今的三江口依然是宁波的中心地带，可见水利设施的意义重大。

东钱湖、广德湖、它山堰作为供水源和水利设施，对于宁波的水利起着重要作用。我们将在此节的基础上对它们的历史进行介绍。宁波的中心在鄞县，以奉化江与甬江为界，鄞县又分为东七乡和西七乡。东七乡依靠东钱湖灌溉，而西七乡以及三江口的宁波市区则先后由广德湖、它山堰灌溉。

东钱湖

东钱湖位于鄞县东部约20公里的地方，又名万金湖，唐代也称西湖。天宝三年（744年）由县令路金南进一步拓宽，灌溉面积达2900公顷。

宁波在河流上建造了称为碶闸、堰、坝等的水利设施。碶闸即水闸，用于抬高水位，以在水位较低时进行调整并汇入淡水，也用于在海水水位变高（满潮）时把倒灌海水表面的淡水引入田地。

堰是水达到一定量时的排水装置，船无法通过。坝同样是达到一定水量时的排水装置，但船能够通过。李夷庚[北宋天禧年间（1017—1021年）知州]建造的四闸七堰分别是钱闸、平水闸、高湫闸、梅湖闸这四闸，以及钱堰、大堰、莫枝堰、高湫堰、栗木堰、平水堰和梅湖堰这七堰（参考图22）。

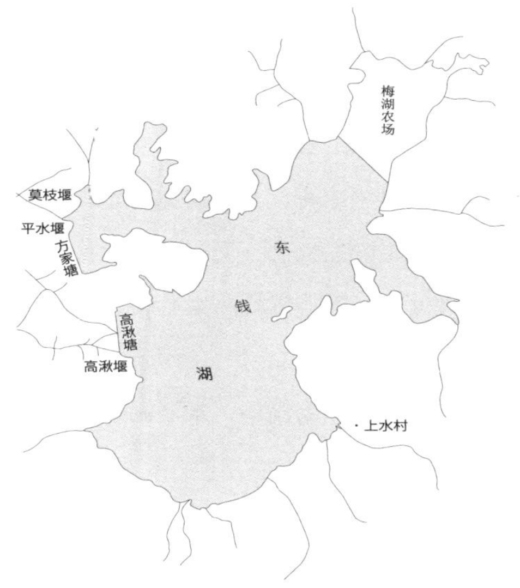

图22　东钱湖图（引自缪复元《鄞县水利志》，河海大学出版社，1992）

东钱湖所在地势高于农田，灌溉面积很广。干旱时开牐（水闸闸门）放水，能灌溉约28312.7公顷的农田，使得东七乡一带的人们免受大旱歉收的困扰。

东钱湖在唐代基本成形，后经过宋代的数次疏浚（清淤）并设置堰、碶闸，完善了水利灌溉的功能。东钱湖的水通过前塘河、中塘河、后塘河流入奉化江，这些河在宋代嘉祐年间（1056—1063年）就已整修完毕。这些河流到奉化江的沿岸建有大石碶［淳祐二年（1242年）建造］、云龙碶［熙宁元年（1068年）建造］等，用于调节水位和排水。

然而，从11世纪后期开始，东钱湖的面积逐渐缩小，加之一种名为茭葑的水草泛滥，因此经常需要清除作业。乾道五年（1169年）知州张津、淳熙四年（1177年）明州太守魏王赵恺都曾进行过疏浚。魏王设开湖局，又出钱买田，将田租收入用作每年的疏浚费。[1]宝庆二年（1226年），知州胡榘再次疏浚东钱湖，他筹措度牒[2]百道和米1423千升，在七乡召集用水之人从事疏浚杂役，与水军交替施工。一年后，东钱湖的大规模疏浚终于完成，此后十六年间再无葑草之害。

淳祐二年（1242年），知州陈垲推行买葑之法浚湖。一直以来，湖边居民都会在农闲时割取葑草充作田地的肥料。所谓买葑之法，既保障了他们用葑草做肥料的权利，又根据收割葑草的量支给他们一定的钱财。对于百姓而言，既能以葑草为肥料，又能得到钱财，还能疏浚湖泊，可谓一举三得。

到了元代，由于茭葑堵塞湖泊，加之湖边的大地主开始废弃湖泊

---

1 据缪复元《鄞县水利志》，“嘉定七年（1214），提刑官程覃代理县令，置田千亩，每年收租谷2400石，设开湖局，将谷贮于月波寺隐学院，专人掌管，鼓励农民在农隙时采葑……每年能去葑约2万船”。故将田租收入用作疏浚的应是代理县令程覃。——编者注

2 发给出家僧侣的许可证，以及发证时需缴纳的钱财。

以开垦土地，他们与广大农民（用水受益者）之间的矛盾日益凸显。

明初（14世纪后半叶），湖泊堵塞和周围居民的非法开垦旧态依然，特别是主张废湖的权势阶层与用水受益者之间严重对立。最终在鄞县知县的介入下，用水受益者的利益得到了维护。当然，其中也离不开主张兴湖的乡绅父老的努力。虽则如此，废湖和兴湖两派间的对立持续不断。万历年间（1573—1620年）和天启元年（1621年），废湖派提出征收葑税，与之对立的兴湖派一方则认为，一旦出台葑税，收割葑草的人必将大幅减少。最终，鄞县下令禁止征收葑税。

清嘉庆年间（1796—1820年），再次发生茭葑堙塞。为此，当地划定湖的边界，并通过卖葑草获取的收益来进行湖泊疏浚。道光二十三年（1843年）八月，台风引发的洪水导致塘堰决口，兴湖派的乡绅们向县令提出申请，希望通过兜售湖边的非法占地来充作修筑塘堰的费用，但未被采纳。最终于道光二十八年（1848年），塘堰的整修借助地方官与乡绅等的民间捐赠得以开展，并由乡绅负责监督整修工程。

关于民国时期的东钱湖水利，可以通过2009年4月的访问调查了解一二。刘忠法（1932年2月7日生）住在上水村（参考图22）。他是一个没有土地的长工[1]，过去向东钱湖附近的地主租借了6～33公亩水田进行耕种，主要种植早稻和晚稻双季稻。6公亩水田可收获250公斤大米，除去向地主缴纳的100公斤佃租外，余下的150公斤即为个人收入。耕作所需的房子、农具、牛和肥料皆由地主租赁或提供。他还饲养了猪、鸡、家鸭用于自给。此外，他种植的蔬菜、地瓜、小米、玉米也用于自给，如有多余则会卖掉。

从山上穿过上水村流入东钱湖的河上建有堰沟，人们通过堰沟取

1 农业劳动者。具体参考第二章第一节“移居宁波的人们”。

河水用于水利灌溉。过去没有水利使用的规则，人人都能自由用水。旱灾时曾发生过用水纠纷。因东钱湖距离较远，旱灾时人们无法使用湖水灌溉。堰沟每年一修，但因没有具体规约，因此一般由耕田的农户们共同承担修理的费用和劳力。

以前还存在过同村意识，当刘忠法等人所在的上水村与横街村等其他村子之间因利害关系发生冲突时，同村人便会团结一致。冲突时，人们或产生口角，或在争水争地时用农具和武器进行武斗。上水村内部虽无用水纠纷，但和其他村子之间却有过争水的打斗。

新中国成立后的1958年，横街建成龙潭水库，上水村也因此得到供水，此后便不再有旱情发生。

广德湖

广德湖位于鄞县以西六七公里处，古称罂脰湖，始建于齐、梁时期（479—557年）。鄞县之地虽风调雨顺，但历史上却水灾、旱灾频发。根据记录，其中大多发生在广德湖周边地区。唐大历年间（766—779年），广德湖的灌溉面积约为2321公顷。[1]大历八年（773年），县令储仙舟修治该湖，并更名为广德湖。此后，即便废湖派和兴湖派之间矛盾不断，广德湖却始终保留着。唐贞元元年（785年），刺史（州长官）任侗“治而大之”，到了唐大中年间（847—860年），广德湖的灌溉面积约为4642公顷。宋建隆年间（960—963年），曾有一万人被动员进行大规模修浚，在湖周围筑起约40公里的堤坝之后，广德湖附近的农田均得以灌溉，再无干旱之扰。熙宁年间（1068—1077年），因广德

1　据史料载，广德湖灌溉面积大历年间为四百顷，大中年间八百顷，宋扩大至二千顷。根据日本顷与公顷换算表，宋代1顷约为6.49公顷，元代约为5.66公顷，明代约为5.80公顷。原作应使用了不同的换算标准计算。特此说明。——译者注

湖长期失修，鄞县西七乡农民告旱，县令张峋再次进行全面修缮，环湖筑堤28公里，堤宽5.5米、高2.5米[1]，曰“广倍于旧，而高倍于旧三之二”（曾巩《广德湖记》）。沿湖筑有碶闸九座，埭十二座，且为加固堤坝在堤上植榆树三万余株。此次修浚后，蓄水量大增。宋元丰年间（1078—1085年），广德湖的灌溉面积又扩大至约11325公顷，可谓鼎盛时期。当时的人们不禁感叹道“既成，而田不病旱，舟不病涸，鱼雁茭苇、果蔬水户之良皆复其旧”（出处同上）。

然而，楼异的出现却大大改变了广德湖的命运。政和七年、八年（1117年、1118年），时任知州的楼异以筹措高丽使节的招待费用等为由向徽宗奏请废广德湖为田，获得准许。楼异考察到它山堰的水利已经遍布西乡各地，便募集群众拆毁广德湖的堤防、抽干湖水，得到了约4000公顷的田地。广德湖被毁后，也曾有多次讨论将其复原，但终未能实现。结果乡民苦于旱灾，民怨沸腾，因废湖失去的民田租税甚至远多于废湖后所得的租税。

废湖为田后，湖田约有4000公顷，征税额约为3852公升。但湖中除望春、白鹤两座山以外，还有一些无法用作农田的地方，所以征税额超过了实际的田地面积。这对于勾结中央权贵废湖的楼异来说自是不痛不痒，但民众却饱受其苦。

到了明代，湖田被叫作官田，耕作者按原规定交租。宣德年间（1426—1435年）租额减税，天顺年间（1457—1464年）实现了差役（劳役）的银纳化，然而正德元年（1506年）租额再次增加。经过当地儒士们的奏请，可按每170升湖米换算成二钱五分白银来缴税，如此方使民众得到片刻喘息。嘉靖年间（1522—1566年）的湖田租额比

1 根据日本的换算标准，宋元时期1丈等于10尺，1尺约为31.2厘米。——译者注

宋代减少了近一半。

最后来看民国时期原广德湖附近的水利。2009年12月，我们对住在原广德湖南岸青垫一带的曹根良先生（2009年时值86岁，青垫曹氏一族族长）进行了访问调查。

原广德湖一带有湖田和民田之分，湖田无需灌溉，价格高，民田则是需要灌溉之田，价格低。如图23可见，在青垫，叫作“夹塘”的河道左侧（北）是湖田，右侧（南）是民田。水引自它山堰，没水的时候就从十三洞桥引水。因为没有水利规制，农民可用牛力水车自由取水灌溉（图23中，曹根良先生前方河堤处的半圆形物体就是牛力水车的设置处）。拥有1～2公顷土地的农民都备有这样的牛力水车，而土地面积在0.6公顷以下的农民则没有。于是，拥有1～2公顷土地的农民会把牛力水车借给所持土地面积为0.6公顷以下的农民，以供他们取水灌溉。这些农民按每6.6公亩25公斤大米来支付牛力水车的使用费。若是兄弟几人共有一头牛，一般按照兄弟排行轮流进行灌溉。河流疏浚是饱受河川堵塞困扰的农民自发的行为，河堤的修理也是农

图23　夹塘里的湖田（左，旧广德湖）和民田（右），湖田高于民田约两米。曹根良先生的前方为牛力水车设置处（摄于2009年12月30日）

民们在村长的领导下进行的。旱灾时，他们在湖泊和滩涂取水，或在望春山庙里祈雨。12月30日，曹根良先生带我们看了夹塘处湖田和民田的不同。夹塘北侧是湖田（原广德湖），南侧是民田，湖田较高而民田稍低。灌溉湖田和民田的水都来自夹塘，夹塘里的水则引自它山堰，枯水期便从十三洞桥引水。夹塘上架有古洞桥、大分水桥、分水桥等几座桥，每座桥都有三百余年的历史。

青垫共有423户人家。宗族大姓为翁、吴、曹三姓。翁姓有70至80户，吴姓和曹姓各有20至30户。翁氏有祠堂、祠堂田[1]，吴氏二者皆无，曹氏只有祠堂而无祠堂田。翁氏祠堂田的30%是湖田，70%是民田。祠堂田由族人轮流耕作，族长决定耕作之人，一般由排行（同族各代）高的族人进行耕种且不收取地租。每年的清明节，族长会决定下一任耕种者。

被指定耕种祠堂田的族人可自行耕作，也可将田地借与他人耕作。借与他人的话，能有150至200元的收入。如此，拥有祠堂田耕作权的族人就能成为有钱人。有的族人一辈子获得过两次耕作权，也有的族人从未获得过耕作权。获得耕作权的族人还能娶妻。翁氏宗祠现在已成仓库，内部不开放参观。曹氏宗祠仍保留着，但因“十年动乱”中遭到破坏，仅剩刻有记录着排行的一些文字。

翁氏尚留有宗谱（族谱）。《翁氏宗谱》有清光绪年间和民国时期两版。据民国时期的宗谱“翁氏重修宗谱序”记载，翁氏自福建省莆田移居至宁波青垫，已历经十数代。翁氏在废广德湖前后移居青垫，占有湖田并成为地主，逐渐成为青垫地区最大一族。从同宗谱的地图中可知，翁氏家在湖田，其水利条件甚好。

1　祭祀祖先的庙堂及作此用的农田。

而曹根良所在的曹氏的宗谱在动乱中遗失。他记得曹氏是在雍正三年（1725年）前后自四明山移居至青垫的。换言之，曹氏在青垫是后来的一族，从翁氏宗谱的地图上看，曹氏一族的家在民田，水利条件欠佳。由于曹氏一族未设族规，曹根良作为族长曾调解过同族内部纠纷。不过，有关水利的纷争一般由村长调停，而非族长。

它山堰

接下来是关于它山堰的建设史及其周边的水利设施。与东钱湖和广德湖不同，日本的观光指南上也时有刊登对它山堰的介绍，对其有所了解的人颇多。

在宁波西乡地区，四明山之水流入鄞江、奉化江与南塘河，但奉化江与鄞江都有海水倒灌，不宜灌溉。太和六年（832年），刺史于季友在鄞江上游修筑仲夏堰。太和七年（833年），县令王元暐在仲夏堰上游建造它山堰，用于阻挡鄞江逆流而来的海水，他还通过南塘河将上游的水引入农田进行灌溉并为宁波城区三江口供水。之后，他又在南塘河上建造了乌金、积渎和行春三碶，碶上还有碶夫，以调节南塘河水位。它山堰堰长113.6米，堰的上部宽3.3米、长213.3米，使用了152块宽0.5～1.4米、厚0.2～0.35米的石头。[1]

缪复元（鄞州水利工程师）称，它山堰（图24）建于唐太和七年（833年），是王元暐为拦截鄞江、樟溪上游的水而在它山修建的，并用于宁波市区与广德湖地区的农田灌溉。它山是一座孤山，适宜筑堰。它山堰宽十余米、高八米，唐代时曾三度加高，明嘉靖十五年（1536年）由沈继美修筑，到了清代又由段光清施以铁骨作进一步加

1 《鄞县水利志》第325页。

固。堰的悬空底部有多处孔洞，用于固定船只。它山堰的作用有三：①引流（引入淡水）；②阻咸（阻挡海水）；③泄洪（调节洪水）。平时流入它山堰的水，有70%经由南塘河流向鄞县平原，30%经由鄞江排到下游。洪水来时，70%的水流入鄞江，30%流入南塘河。这就是所谓的三七分流。

图24　它山堰（摄于2005年12月）

它山堰的疏浚在每年农历三月三日、六月六日、十月十日的农闲之时，由政府召集鄞县七乡受到它山堰供水的农民来共同实施。从2001年起，由水利局使用机械疏浚，疏浚出的淤泥用作农肥。南塘河也采用同样的方法进行疏浚。

再看官池墩。在它山，樟溪分流为南侧的鄞江和北侧的小溪（唐代称光溪，宋代以后改称小溪）。鄞江有它山堰，小溪则建有官池墩。据缪复元介绍，官池墩建于唐代，用于提高小溪（上游的樟溪）的水位和增加流入它山堰的水量。宋代1240年前后，在小溪的稍下游右岸筑有洪水湾。洪水湾是小溪右岸长约百米的护岸，可将来自上游的水通过小溪和南塘河引入宁波地区用于农田灌溉，同时兼具排洪功能。平时自樟溪而来的水有30%汇入鄞江，70%流入小溪、南塘河及鄞州平原。洪水时则有70%汇入鄞江，30%流入小溪、南塘河及鄞州平原。

淳祐二年（1242年），为阻挡樟溪的泥沙，它山堰上游400～500米处建造了回沙闸，但数十年后就废弃了。明嘉靖三年（1524年），鄞县县令沈继美在光溪（从上游起依次为樟溪—鄞溪—北溪—光溪—南塘河）筑起官池墩，以拦截泥沙。洪水来时，泥沙便会堆积在官塘之下，只有水溢出。官池墩左岸有一座拱桥（光溪桥），可通船也可排水，其百米下游左岸往北的河道还能供水以灌溉农田。水流沿光溪而下，还为南塘河供水。

1986年，在洪水湾塘设立了洪水湾排洪闸和节制闸。尔后，洪水湾塘的作用就基本消失了。

接下来是南塘河上三座碶（水闸）之一的乌金碶。

乌金碶由碶夫盛小毛负责管理。盛小毛生于1926年，我们前去访问时他已85岁，是现役时间最长的碶夫。

盛小毛的父亲曾居住在距离乌金碶500米左右的地方，后搬至乌金碶周边。据说他的父辈贫困，主要靠人施舍食物度日，似乎是短工或雇农。盛小毛的父亲并非碶夫，当时乌金碶由乌金庙的僧侣管理。据盛说，这是僧侣终日待在庙里，鲜少外出的原因。

1940年，盛小毛成为碶夫。当时村长在碶附近寻找愿意无偿做碶夫的人，于是，住在附近的盛小毛接受了这份差事。

乌金碶所在的村庄叫作上水碶村，是一个有80户左右人家的自然村。按照土地改革时的阶级划分，有地主两户、富农一户，其余70多户皆为佃农。

盛小毛是下农，他向地主处借了0.5公顷土地，还向移居到宁波的人借地耕作。佃租为每6.6公亩65公斤大米，总计455公斤。只要缴纳佃租就能维持和保证租种权，但只要拖欠一年佃租，租借的耕地就会被没收。租种合同多为口头契约。这一带的农作物以稻米为主，且是双季稻。四月种，七月割，收割一周后再播种，十月底收割，每6.6公亩的收获量为150公斤，佃租约为收获量的43%。1949年以后的米价为每斤一角三分。盛小毛还在田头种了毛豆、土豆和山芋。这些都为自家食用，不用于缴纳佃租。冬天用绿肥、莲荷作为田肥，肥料里也掺有猪粪与鸡粪，不使用化肥。养的一头水牛或黄牛，也为自家所属。此外还养猪、家鸭和鸡，供正月里食用。这些家畜家禽也都不用于缴纳佃租。盛小毛没有什么副业，收割水稻后会编草席来卖。

想借钱也不可能。有一个叫作“救会”的帮扶组织（赖母子讲[1]），由数人负责经营。据说无须向政府纳税，也不需要登记土地。这或是由地主组织成立的。土地改革时，地主和富农的土地被全部没收，但没有地主被枪决。

上水碶村是一个多姓村（由多姓氏宗族组成的村子），村内有亲戚，没有村民大会。有村长，村长也是编草席的普通农民。村里没有村规，但同族内部有族规。族规由盛家族长决定并通过口头传达，并未留下文献记录。村里没有公共财产，也不进行集体劳作（共同作业、疏浚、修理堤防、防卫等）。南塘河沿岸有土坝，这就是河堤。河堤倒塌时，由靠河居住的农民自行修筑。

以前从未疏浚过河道，现在由水利局每几年疏浚一次。过去没有负责水利的机构，缺水时农民无处求助，现在只要向水利局申请就会由水库供水。过去也无水利纷争。1949年以前就有鄞县水利局，其下设置的鄞县西乡水利协会是水利局的一个部门，没有农民参与。乌金碶由水利局的某个部门管理。可以说，水利局是碶夫的总管，发生缺

1 民间互助式的信用合作社。也叫无尽讲。

水或洪水的时候，何时打开碶闸，都由水利局决定。一般情况下，碶夫盛小毛会观察邻乡古林镇的水况来判断碶闸的开合，或通过在乌金碶上的浮木鸭来判断水位，或从乌金碶旁与水面平齐的阶梯判断水涨到哪一级就会开闸。此处既是船舶停靠的码头，也是农妇们浣洗的地方。

乌金碶的作用是调节种植水稻的灌溉用水，洪水来袭的时候负责将水排入奉化江，碶的修缮则由水利局负责。

1949年以前，农民是用龙骨水车将南塘河水引入农田的。1960年代以后，人们开始在船上安装柴油机泵来供水，大约三年后，又变为用电泵供水。这些都是农民个人的私有物。他们在离南塘河较远的田间挖出水渠，用水泵引流灌溉。这条水渠是公有的。这一带不用井水，而是用南塘河水进行灌溉。

1957年大旱，稻米颗粒无收。人们靠划船去奉化江上获取生活用水，并在田里种毛豆和山芋为生。

新中国成立后的土地改革使盛小毛成为自耕农，分得了0.2公顷的土地。每年的稻米收获量为每6.6公亩400 ～ 500公斤，生活轻松许多。不知盛小毛之后，还有谁做了碶夫。1940至1949年间，碶夫完全没有薪水，1950年以后每年120元，现在每年200元，收入极低。即便是如此低薪，盛小毛还是接受了碶夫这份工作。除了他家住得离碶很近以外，大概也因为他是贫农，点滴收入也希望获取。

“水乡”宁波

宁波与水的斗争就是防止水灾和旱灾，阻挡从甬江、余姚江、奉化江（鄞江）倒流的海水，并把山上的淡水供给农田与城市。

唐代，鄞县东乡有东钱湖、西乡有广德湖灌溉。唐太和七年（833

年），王元暐在鄞江上游修筑它山堰，完善了西乡的广德湖与它山堰的水利设施。然而，宋政和七年、八年（1117年、1118年），楼异以筹措高丽使节的接待费为由将广德湖废湖为田，西乡的灌溉转由它山堰承担，从而导致了慢性缺水。元明清时期，东钱湖虽有过废湖与兴湖两派之争，但最终基本上保住了湖的存在，它山堰与南塘河水系也进行了疏浚和修理，其水利功能得以维系。此外，东钱湖和南塘河的碶（水闸）还设有碶夫以调节水位进行灌溉。民国时期的水利情况与从前也大致相同。笔者从现场交流和调研中得知，通过碶进行水位调节在水利方面发挥着重要的作用；农民可自由取水，用水没有限制规定；河流疏浚及堤防修筑等都是在保长的指挥下进行的，且都由与之利益相关的农民参与作业；宁波没有大地主，一般的地主的饮食与长工等农民完全一样；等等。

与华北地区相比，宁波的水资源较为丰富（除去原广德湖下游部分），对水的使用也没有严格的规制。正是因为它山堰、东钱湖等水利设施阻挡了海水倒灌，淡水供应才趋于稳定。成就“水乡”宁波，并非一日之功。这里的人们必须与水共生，勠力前行。

（松田吉郎）

第三节　与水同戏的宁波

在前面的章节里，我们见证了宁波人与“水”斗争并为之付出了不懈的努力。但无需赘述，“水”也是人们必须与之交往和嬉戏的对象。此处，作为“水”与人们交往、嬉戏的例子，我们想通过“它山庙庙会”和“月湖龙舟”来进一步说明宁波水环境的多样性。它山庙是祭奠前文提到的它山堰修建者王元暐的一座庙，“它山庙庙会”指祭奠王元暐的一系列活动。“月湖龙舟”是指宁波域内以月湖为中心举办的龙舟赛。可以说，前者是人们信仰的场所，后者则是人们娱乐的地方。事实上，水利、信仰、娱乐三者之间的关系密不可分，需要就此清晰明示。

庙会

它山堰建成前，因海水倒灌，鄞江与南塘河的水不适于农业灌溉。另外，因洪水影响，光溪和北溪古港一带常年泥沙堆积。二皎（大皎溪、小皎溪）的水从樟溪经由平水潭汇入鄞江并直接入海，无法储存淡水。鄞县西乡的梅园、蜃蛟、凤岙、古林等地的人们苦于缺乏淡水，便在农历六月六日前后的农闲期里自发组织，带着淘沙（除淤）工具到鄞江桥光溪与北溪港两地清淤，通过疏通河道来引水灌溉。附近的商贩也陆续聚集到鄞江桥，于是，鄞江桥形成了一个别具一格的集市，俗称淘沙会。

太和七年（833年），王元暐建造了它山堰。它山堰修建后，流经北溪、光溪与南塘河的水成为鄞县西乡的农耕和生活用水。如此，当地人不再需要来鄞江桥淘沙，但人们仍然记得六月六日的淘沙会。每年人们聚集在鄞江桥的日子除农历三月三日（王元暐夫人诞辰）和十月十日（王元暐诞辰、它山堰动工日）以外，还有六月六日。这场庙会又俗称稻花会，顾名思义，是在稻花开放的农闲时期举办的庙会。

为缅怀王元暐的遗德，人们在它山堰上修建了它山庙（图25），其历史如下。

图25　它山庙（摄于2005年12月）

它山堰的建成让五千至两万公顷的农田得到了灌溉。当地人为铭记王元暐的功绩，便建祠堂（庙）祭拜。后来，王元暐获封善政侯，南宋乾道四年(1168年）七月八日，朝廷赐予这座祠堂遗德庙的匾额。遗德庙又名善政侯庙或它山遗德庙，俗称它山庙，庙里香火甚旺。南宋淳祐九年（1249年），王元暐被追封为灵德侯。清嘉庆十年（1805年）又被追封孚惠侯。道光二十一年（1841年），它山庙得以重建。

祭祀王元暐的庙会在农历三月三日、六月六日、十月十日分别举办一次，最盛大的一次便是六月六日的稻花会。

“稻花会”也称“太平会”，实有究于当时的社会原因。当时，每逢夏天就会出现各种传染病与疫病，于是该地区形成了焚香沐浴、敬告上苍的习俗。人们通过以净水服食香灰的方式来祈求神灵庇佑，祈祷世间太平。随后，人们将它山遗德庙的王元暐神像抬入神舆，巡游周边，以此祈愿生活平安、粮食丰收。

稻花会原是当地人自发形成的行会（举办祭祀活动的组织），后逐渐演变为由庙组织的、具有统一形式的庙会。直至清朝康熙年间（1662—1722年），皇帝为“应天顺民”（顺应天命，合乎民心）而大力发展庙会。明清两代的“六月六”庙会盛况如下。

“六月六”稻花会会期三天，从初五一直持续到初七。各村组成“会”与“社”，称为“柱”。每柱各有一名柱首，柱首选定贤达能人负责庙会，分配庙会的所有工作。如此，庙会下设“十会一社”。所谓十会一社，即伏头会、摇铃会、火符会、銮驾会、摇堂会、九如会、河台会、供会、炮担会、善庆龙会和铳爆社。

六月初五庙会开场，受到它山堰水利及它山遗德庙恩惠的当地人自发组织三艘百官船。六月初四，河台会通知百官船驶至鄞江桥官池河，初五开始在官池河上开演河台戏（在河沿设长凳表演的戏剧）。戏剧种类多为徽板戏（徽调戏剧），演出剧团名为“鸿善剧团”。表演者多为老演员，演出费与服装费比较便宜。

六月初五上午，庙会的总首柱台（负责人）召集十会一社的各柱首在它山庙开会，安排“六月六”庙神从它山庙出殿的行会顺序和人数等，并分配各自的职责。

六月初五

午时（中午十二点）——在王令公神像前烧香上供。

未时（下午两点）——遗德庙庙祝（庙的管理人）净身沐浴。

申时（下午四点）——为菩萨（王元暐像）净身，在脸上涂香油。

酉时（下午六点）——摇铃会奉神袍（神的衣服），为菩萨换新衣。

戌时（下午八点）——祈祷仪式，按主办村的官吏—乡绅—长者的顺序轮流跪拜祭祀。

亥时（下午十点）——四方乡民自行参拜祭祀。

六月初六

子时（午夜零点）——炮担会鸣放炮仗（爆竹），用轿抬着王令公像出发。遵守时辰，庙祝站在神像前，一同出殿。请神像入轿时，伏头会为其奉上神帽，神帽的两只遮耳（耳饰）用黄金打造而成。神轿前有一张遮板（托盘），供有一盏参汤和两款糕点（糯米点心）。王令公右手持一把白折扇，左手握一块白手帕。一切就绪后，殿内外炮声大作，鄞溪村周家善庆龙会尚化山的老龙（蛇舞之蛇）护着神轿蜿蜒前行。

丑时至寅时（凌晨两点至五点），行会队伍动身出发。一名令箭（发射信号箭的射手）站在行会队伍的最前面，通知下一个供奉点（供奉场所）迎接神轿并准备上供祭祀。之后，令箭被称为“报马”。

铳爆社三根铜铳一齐鸣放，意在驱除沿路邪气、增添喜气。

炮担会紧随其后，持炮（爆竹）、杖（棍子）、登地炮（铳）分别在队伍两侧以振声势。

二人吹号（喇叭），数支唢呐高声齐奏。

舞狮一对，彩球（用红绿绢布制成的球形装饰，绣球）一个。舞狮盛行于清康熙雍正年间（17—18世纪），中断于乾隆年间（18世纪后半叶）。

举四盏火篮（放入火烛的篮子）的队伍走在前面，另有人肩挑添有松油的柴爿（分割成小块的竹子和木头）为火篮添加燃料。

两面旗锣（旗子和铜锣），四名当地人肩挑旗锣为王令公鸣锣开道。

四盏点上蜡烛的大红灯笼为王令公照明。灯笼上写有“鄞县、正堂、肃清、回避”的字样。

硬脚牌（牌子）四块，白底红字写着相同文字。

四名皂隶（仆人）手持水火棍（衙役的木棍），俗称红黑帽和乌黑帽。

銮驾神轿（载着王元暐塑像的神舆）位于队伍中央，八位乡民轮流肩扛神轿。神轿两侧装饰着二十四件全副銮驾（铃铛装饰）。王令公像坐于神轿中，右手持扇，左手握帕，满面红光，栩栩如生。神轿两侧彩旗飘扬，爆竹声声。当地人和农民争相抬轿。銮驾神轿是整个行会队伍的中心。

唤作“喝达郎”的摇堂会一人紧随神轿之后，轿后还有皂隶四人，持四盏点亮的红灯笼。善庆龙会在尚化山老龙神轿（画着龙纹的神舆）之后负责警备。

殿后约二十名“犯人”表现了庙界弟子忏悔、祈愿和赎罪的形象。他们身着红背心，戴枷锁、脚镣与手铐，以示罪人之诚心。队伍的最后有当地青年持各式彩灯跟随。

此外，各村的客串（业余演员）和农民持铳炮、彩灯、彩旗加入其中，锦上添花，热闹非凡。

行会队伍在六月初五夜里准备妥当，于初六五更三点寅时正式启程。当地农民欢欣踊跃，一路人山人海，水泄不通。铳炮在队列前表演，发射的火箭飞向远方。四组青壮年赤裸上身，手持火箭，狂欢乱舞，驱散农民为行会开路，以便队伍能顺利通过。

当令箭把像火把一样的箭带来后，“郎官弟”（衙役）和九如会便开始准备头供（最开始的供品准备）。

行会队伍势如潮涌。另一边，郎官弟、九如会的戏班鸣锣热场，等待神轿到来。当摇堂会和喝达郎高喊“善政侯孚惠王王公站堂”之后，各皂隶、硬脚牌手、灯手等便应声高喊“诺”。神轿一到戏台前，当地的年轻人就立即将净茶、脸水（洗脸水）、四色花色糕点（糯米点心）与二色应季水果放在八仙桌上，并在上面盖上高档的红绸布，献给王令公。当地年轻人主要负责祭祀，扮演犯人的人则跪地谢罪。王令公受祀观戏，一炷香后祭毕。

最后，炮担会点燃爆竹，摇堂会与喝达郎再次高喊“诺”，“善政侯孚惠王王公出堂”。众皂隶、硬脚牌手、灯手高声回应“诺”。那声音如雷轰鸣，衙役的喝声威震厅堂。当地的年轻人们随即撤下供品。令箭先行，通知准备下一场供奉的龙王堂。

龙王堂的朱、王二姓住在大兴巷下头南端原鄞江卫生院旁的小溪港桥下段。官池河的河台戏通宵达旦，锣声不断。神轿穿过街巷来到官池塘，河台戏也随着神轿移至龙王堂前，官塘河两岸人声鼎沸，当地人狂欢喝彩。这里是一个大的供奉点（大规模的供品设置所），由郎官弟上供并祭祀。

行会队伍经过的路线里共有十二处供奉点，其中五处较大，最大的供奉点在光溪村大栲树下。根据各村各堡的经济实力，庙会戏最多时能有五台。

稻花会行会队伍于下午五点左右到达光溪村上河头大栲树下，由本坊弟子为王令公的神轿上供祭祀。这段时间最长，行会队伍有晚餐供应。二更（夜里九点至十二点）左右，王令公回殿（它山庙），行会结束，附近乡村的客串、炮会、灯会也都各自回乡。

稻花会的行会路线经过鄞江、洞桥、宁峰、句章四乡镇，全程约二十公里。

六月初七，官池河鸿善戏班移至它山庙内，唱安神戏。

“六月六”稻花会行会全程争相抬轿、热闹壮观。这样的祭祀活动在江南多省里都首屈一指。

行会队伍与神轿所经之处，各村都事先用石灰标了白线。趁神轿还未到达界内，每个村子和宗族都会各派十名壮汉去抬神轿，绝不允许对方越界。若敢跨越雷池（界线）一步，即为犯众（违规者）。各地乡绅和各村族长都会下令让年轻的后生们及早尽快抬轿入村。他们认为，神轿在村里停留的时间越久，就越能保当地平安。

庙会行会的规定是，一个供奉点的仪式结束后，下一个供点就要在边界恭迎神轿。然而，各村各族都为尽量让神轿在自己的地界内多停留些时间而相互争夺，甚至有不抬轿的青年混入其中。很多人虽不抬轿，但认为只要能摸到神轿或轿杆，来年就会行好运，真可谓“僧多粥少”。当神轿到达第一供奉点与第二供奉点的交界处时，还会像如今的拔河比赛一般，双方你拉我扯，互不相让。神轿的进退仿佛潮水涨落，进三步退十步，进十步又退三步。当神轿难以前进时，当地人之间还有激烈争夺，甚至发生口角或互殴。互相推搡致人掉落田间泥沼的事情常有发生，以至于官员不得不出面调停并加以管控。如此空前的盛况正表明了它山庙一带居民对王元暐极其敬重。

自1946年以来，稻花会已停办多年。2009年11月26日，我们参观并见证了这一活动的再现。稻花会里不仅有鄞县的人，也有来自奉化的人。游行队伍在大的供奉点停下，途经小供奉点，各村自发组织舞狮等活动。此次稻花会由鄞江镇政府主办，数个团体赞助。

游行队伍进入光溪砖瓦厂址这一大供奉点时，这里供奉着以下物品（下方的供品及其寓意都来自对一同访学的宁波大学学生俞如珩的访问调查）。

桂圆（龙眼）、柚子（文旦）、饼子（饼干）——团团圆圆

苹果——平平安安

葱——聪明

香蕉——香火延续兴旺

长寿面——福、发、恭喜

红枣——红红火火

金针菇——长命百岁

黄糖——祈愿子孙飞黄腾达

烤麸——丰收

香干——寓意同香蕉

木耳——好事

花生——子孙繁荣长续

面包、发糕——丰收、发财

年糕——年年高升

《金刚经》《太平经》——佛教和道教经典

参加这次大供奉活动的一位老婆婆有三个女儿，两个女儿生的都是外孙女。祈福之后，另一位女儿终于生下外孙。她说，这个外孙就是祈祷所生，拜菩萨所赐（菩萨指王元暐）。

下午三点半左右，在它山庙安神。载着王元暐像的神舆（神轿）进入它山庙，在那里安放好神像后，稻花会至此结束。居士和参拜人一路跟着进入它山庙，庙里拥挤不堪。

稻花会由鄞江镇政府主办。稻花会曾于1936年、1945年、1946年分别举办过，时隔63年终于在2009年再办。虽然没有宣传，但附近居民闻讯后都纷纷前来参加。之所以如此，原因有二。其一，鄞江镇的稻花会在宁波非常有名；其二，王元暐深受当地人的尊崇。这意味着，曾经建树功绩的人无论何时都会受到人们的敬仰。本次稻花会虽是在鄞江镇政府的指导下举办的，但也是基于对民众的信赖才得以实施。稻花会的仪式及游行内容均通过请教老一辈方能重现，而稻花会的相关准备工作与道具的制作等都始于当年年初。

游行中出现的兵士武器是古代武士所持兵器的模型，如关羽的刀和张飞的枪等，共十八般兵器、六种铜兵器，但未能制成长兵器和剑。为了游行安全，相关人员曾多次开会并设立老年协会以制定游行路线，在确保安全的前提下决定了游行的路线，还召集了相关部门、公安与安保一同开会研究，动员两百余名工作人员、五百余人参与游行。稻花会的参加人数总计十万有余。鄞江镇政府并未出资，资金主要由各乡的老年协会负责解决，都是民间负担。次年是否举办稻花会，尚不得而知。鄞江镇人民政府的负责人虽有意继续举办，但若缺乏群众意愿，就难以实现，毕竟稻花会是一种民俗文化。

龙舟

近代以前的宁波还很小，其市街仍被城墙包围之时，宁波西南隅已有月湖，月湖以东还有日湖。唐宋时期的宁波被称为明州，拆明州

图26　月湖（摄于2006年9月）

之明字的“日”与“月”，谓之日湖与月湖。月湖留存至今（图26），而日湖堵塞，仅存日湖遗址石碑。宁波市内虽有“日湖公园”，却与原来的日湖毫无关系。现在的月湖南北长1000米，东西宽130米，面积为0.2平方公里。

唐宋时代疏浚它山堰、南塘河等河流，并在城内整治月湖的同时设置了“水则”和“三喉”，大大完善了城内外的水利。明清时期也曾通过疏浚修缮城内外河渠、修理三喉，以及驱逐侵占河渠的商人等手段，保证了水利设施的维护和管理。可见，月湖的水利得以维系下来，是通过对与其连接的它山堰和城内外河渠等关联水系不断整顿的结果。

宋乾道五年（1169年）前后，月湖被称作西湖，如前文所言，湖中有柳汀、雪汀、芳草洲、芙蓉洲、菊花洲、月岛、松岛、花屿、竹屿、烟屿等，据说当时的人们喜爱观赏湖中的四季景色。春夏月湖的游人最多，车水马龙，五彩斑斓的游船每日穿梭于湖面之上。当时文人创作的诗句里常有称咏西湖之词，如宋元丰年间（1078—1085年）进士周锷的《西湖三首》就流传至今。《西湖三首》分别描写了春晓时节泛舟西湖，吟诗作对、觥筹交错的场景；湖上笙歌不断，台上歌舞奏乐的情景；以及西湖周边的景色。

11世纪中期之后，进士舒亶留下了两首关于月湖（西湖）的诗，歌颂了西湖上的亭台楼阁，月夜下的人头攒动，泛游湖上的画舸（画船）、两岸闪烁的华灯、舒缓悠扬的音乐，船内把酒言欢的热闹情景，还有十洲的笙箫演奏与湖面垂钓等场面。

13世纪的月湖有亭、台、院、阁，前来欣赏四季风景变化的游人络绎不绝，车水如龙，湖上日日都有彩船游荡。在宋代，月湖已然是一处水上娱乐中心。

接着再看月湖的龙舟。农历八月十五，中国各地都要过中秋，但宁波的中秋节却在农历八月十六。其中缘由，众说纷纭，比较可靠的说法是南宋宰相史浩[1]为迎合其生母的诞辰而将中秋节定在了八月十六。

月湖游览极盛之时，龙舟竞渡也开始兴盛起来。在中国，端午节通常要赛龙舟、吃粽子。南宋时期，宁波在端午节要吃粽子、划龙舟，在八月十六的中秋节也赛龙舟、吃月饼。

《攻媿集》（宋楼钥[2]撰）卷十中有《湖亭观竞渡》一诗如下。

> 涵虚歌舞拥邦君，两两龙舟来往频。
> 闰月风光三月景，二分烟水八分人。
> 锦标赢得千人笑，画鼓敲残一半春。
> 薄暮游船分散去，尚余箫鼓绕湖滨。

根据这首诗可知，月湖里有龙舟、游船、歌舞及箫鼓演奏。

清朝的徐汝楷在《虹桥（月湖）观竞渡》中描写的情景也不尽相同。月湖上除龙舟、游船、歌舞及箫鼓演奏外，龙舟争夺锦标也是一个惯例。清代万斯同[3]在他的《鄞西竹枝词》中写道："鄞俗繁华异昔年，田家何事尚依然？西郊九日迎灯社[4]，南郭中秋斗画船。"说明宁波的西乡有农民结灯社，而南城则有龙舟竞渡。

到了民国时期，正如"各乡祠庙为会祀神，以龙舟竞渡，谓之报赛，与各处端午竞渡不同"（《鄞县通志》），宁波当地的人们通过结会

---

1 参考本丛书之《文化之都：宁波》。

2 宋代文人。宁波人。

3 清代学者。宁波人。参考《文化之都：宁波》。

4 江浙地区的活动，元旦傍晚，每家每户挂灯花，吹鼓列队巡游。

进行龙舟比赛。如此，从清代到民国，龙舟竞渡从过去统治阶级的娱乐方式逐渐演变为农民自己举办的活动。然而，到民国二十二年（1933年），月湖竞渡（龙舟赛）的习俗已然不在，只剩下了唱戏敬神的活动。

明末清初（17世纪）以后，鄞县东郭（东钱湖）开始在中秋节举办画船竞渡，直到现在，每年的十月十日东钱湖依然会举办龙舟赛。龙舟活动的举办地由过去的月湖转移到了如今的东钱湖。

结　语

它山庙的稻花会和月湖的赛龙舟都与水利设施有关。稻花会是祭祀它山堰修筑者王元暐的庙会，最初就由老百姓自发举办；而月湖龙舟最初是由史浩等高级官僚辈出的权势一族举办的，后来变为平民活动。不论如何，稻花会和龙舟竞渡都是戏水的活动，与水密切相关。我们从“斗”和“戏”两个侧面探讨了宁波人与水的联系。没有“水”，人们就无法营“生”，宁波尤为如此。宁波面朝大海，河道遍布，与“水”的关系十分紧密。非但如此，与同是“水乡”的苏州、扬州相比，宁波特点独异。想必大家能在第二、三节中更有体会。

（松田吉郎）

专　栏　宁波名吃 汤圆

农历正月十五上元节是中国最令人印象深刻的节日之一。一到晚上，整条街都挂满了点亮的灯笼，吸引人们前来一边赏灯一边悠然散步。因是一个夜间活动，故被称为“元宵”；又因高挂灯笼，故被称为“灯节”。据说上元节本是信仰仙人的道教节日，是天官下凡了解人间善恶的日子，这一节日可追溯至5世纪。另外还有一个汉代祭祀太一神的活动，名为“燃灯”，与自西域传来佛教中的正月十五“燃灯”节重合。自6世纪左右起，上元节便开始盛行点灯。唐代以后，诗文中常见对上元节的描述，而在小说和文艺界，上元节则是一个易发事件的特异日子。这一天，人们高高兴兴地涌上街头，观赏在暗夜中闪烁的灯笼。在熙熙攘攘的观灯人群中，不经意间，小孩子便不见了踪影。譬如清代长篇小说《红楼梦》的第一回，其中就描写了上元节发生的一个事件，说的是苏州有一名门望族甄士隐，其三岁的独女英莲由仆人带去上元节赏灯，就在仆人解手之际，小女孩却遭人拐骗消失不见。夜晚，来往的人群只注意观赏头上的灯笼，小孩极易被拐。

上元节吃的是汤圆，因在元宵（正月十五夜里）吃，故又别名元宵。汤圆是用糯米粉制成的丸子，里面裹着甜馅，煮熟后盛入糖水里吃。寒冷的冬日里喝着温暖甜蜜的热汤，吃着口感软糯柔滑的丸子，岂不美哉。现在，不论季节，在餐厅等都能随时随地吃到汤圆，但汤圆还是最宜寒冷冬天里食用。汤圆的起源可追溯至宋代。南宋文人周必大写有“元宵煮浮圆子”[1]一诗。煮汤圆时，那汤圆浮浮沉沉，恰似“浮圆子”。南宋女性诗人朱淑真也作有《圆子》一诗。

轻圆绝胜鸡头肉，滑腻偏宜蟹眼汤。

（那轻轻飘浮的圆形样子远胜芡实，柔软光滑的口感，佐以冒蟹眼般细小气泡的热汤，无比享受）。

1　全名为《元宵煮浮圆子前辈似未尝赋此坐间成四韵》：今夕知何夕，团圆事事同。汤官寻旧味，灶婢诧新功。星灿乌云里，珠浮浊水中。岁时编杂咏，附此说家风。——编者注

汤圆原是中国南方的食物，在南方各地均能吃到，为何却成为宁波的名吃之一？我们利用原定在上海调查的机会，向现居上海的老宁波人询问了其中缘由。第一，宁波是制作汤圆所需原料——糯米的名产地；第二，在宁波，碾制糯米粉时会加水，因此糯米粉更加精细，才有了宁波汤圆那雪白柔滑的独特口感；第三，内馅的制法不同。往磨得很细的黑芝麻糊里加入猪油与白糖，加热至猪油融化，方能生出绝妙滋味。对于家家户户都会制作汤圆的宁波人来说，这一点已是共识。

之所以在上元节吃汤圆，据说是因为汤圆含有阖家团圆的寓意。南宋范成大的《上元纪吴中节物》一诗中写道“捻粉团栾意”，故自宋代起，上元节、汤圆便与“阖家团圆”紧紧联系在了一起。

（高津孝）

第二章 “港城”宁波的居民

第一节 移居宁波的人们

中国历史上的“人口迁移”

我们将在本节中探明近代以前移居至宁波沿海地区的人们的一些动向。进入正题前，让我们首先纵观一下中国的“迁移”史。近代以前，中国社会有着相对开放的官僚任用制度和均分继承的传统，也因此，阶层间的社会流动比较频繁。虽然这一事实鲜为人知，但历史昭示了中国同样也是一个地理空间上的高流动性社会。例如，中国历史上曾发生过数次称得上民族大迁移的事件。公元4—5世纪的五胡十六国时期，华北人民为躲避战乱，大举涌入江南各地。他们在江南的土地上设立了暂住的行政区划——侨郡与侨县，并冠以故土华北各地地名，等待战乱结束后的归乡之日。结果，他们未能如愿，便在江南定居了下来。12世纪，金军南下，北宋政权倾覆，同样有许多官员和平民随宋朝政权南迁，定居江南各地。

这种人口迁移多会伴有流民出现，而流民的出现多源于饥荒。广袤的中国大地上，每年都会有某个地方发生洪涝和旱灾。因为交通和救灾手段极其不发达，灾害最终常常致人饥荒，以至于穷民背井离乡，变成流民，迁移至他乡。他们之中有不少人结束流浪生活后就扎根异乡定居下来。如唐宋时期出现了主户和客户的户籍分类标准。宋代的“客户”是指那些随着地主制的发展而破产，最终不得不变卖耕地，成为没有财产的农民的人。其实，“客户”的本义即指脱离原籍而迁移他地的人（“户”即“家庭”）。因为这一时期人口流动十分频繁，所以在行政层面专门设置了“客户”来掌握流动人口的情况。葛剑雄将这类以避难为目的的迁移命名为生存型移民。他还指出，曾经存在过另一种类型，即发展型移民。发展型移民并非被迫离开原籍，相反是受移居地良好的经济文化条件吸引才选择迁移。与生存型移民不同，这类移民不只有普通农民，此外还有文武官员、地主、商人、读书人等各个阶层的人员，即从广义上而言，包括辗转各地为官的官员和游学的士大夫以及商人等等。

除以上两种类型外，中国也有过朝廷主导的人口迁移。据《史记》卷六“秦始皇本纪”的记载可知，秦朝曾实施过大规模的移民政策。当时，全国各地有十二万富户聚集在首都咸阳，后因咸阳人口过多，秦始皇便下令将三万户迁移至丽邑（秦始皇陵），五万户迁移至云阳（陕西淳化县），另将三万余户迁移至河北榆中，之前还有三万户迁移至山东琅琊台。中国历史上最有组织的大规模移民发生在明洪武三年（1370年）。当时，明朝政府令苏州等五府的四千贫户迁至朱元璋祖籍凤阳府（在今安徽省）；洪武七年（1374年），再令十四万江南百姓迁至同处。此外，还在全国新设屯田及卫所（军队驻扎地），均配备士兵，并让其家眷一同迁移。据估算，迁移人口总和仅在明初就已达到1340万人。[1]

1　葛剑雄等著，《简明中国移民史》，福州：福建人民出版社，1993年。

至此，我们回顾了中国人口的迁移史。迁移并不单纯是人口流动，也是重新构建地域社会的一个契机。移居地人口增加和购买力提升，以及技术转移，带来农业、手工业、商业的不断发展，衍生出了新的富裕阶层，促进了地域的城市化。从崭新的地域秩序的形成过程中，我们可以窥见中国社会的最初形态。

我们将结合宁波的情况对这类“迁移”进行分析。为此，首先就分析使用的资料说明一二。执笔之际，我们使用了近年来中国发行的地方志，其中我们从《宁波市地名志》（市区部分）里得到了最多信息。1984—1986年实施了旨在将地名标识现代化的调查，这本书就是基于该调查编纂而成的。书中介绍了村落名称的由来与沿革，以及建村当初姓氏家族的动向等，其中就包含了迁移信息。作为依据，我们引用了府志、县志、族谱等文字资料，还使用了一些“传说……”这样的表述，甚至使用了口传资料等信息。然而，族谱和口传资料的真实性存疑，其中不乏将祖先与同姓的历史著名人物强行关联，好让族谱看起来更具历史性等问题的存在。因此，在使用这些资料时必须仔细斟酌。虽如此，但正如民国编撰而成的《鄞县通志》“氏族表”篇头所言“兹编所辑未敢便谓详审而各乡有谱牒之族似尽入而无遗”，《鄞县通志》全盘调查了宗族迁移与分派信息等丰富的族谱史料，无疑是广泛收录这类信息的绝好资料。就本节的目的而言，这些史料最好不过。要将汇总至某种程度的资料量化并从中发现一定的倾向，相比那些良莠不齐的史料而言，使用以一定的合理标准广泛收集的均质化史料更加妥当。鉴于此，我们将以这些此前研究鲜少积极使用的史料为基础，尝试对宁波地区的人口迁移提出新的见解。

宁波地区的迁移起源

宁波地区的开发始于南北朝。南北朝时，最初的浙东运河已经建成。唐太和年间（827—835年），基础水利设施仲夏堰和它山堰建成，实现了鄞西平原淡水化之后，才正式开始对宁波进行开发。从表1可知，自唐中期到宋，包括明州在内的浙东沿海地区人口有所增加。第一波移民潮出现于魏晋南北朝时期，第二波则在唐中期之后。从已知籍贯的16例来看，他们分别来自苏州和越州（各3例）、青州（2例）、山西、安徽、福建、秀州、湖州、睦州、台州、明州（各1例），其中约七成来自邻近的内陆地区。虽然来自青州（山东）与福建的仅有3例，但明州（宁波）作为海港的地理特征已然充分体现。在唐与五代的移民例子中，作为明州刺史、判官、录事参军、衙推等地方官赴任明州并在此定居的有六例。

表1　唐宋浙东户数

地区	天宝户（742—756年）	元和户（806—820年）	占比（%）	占比（%）	变化趋势
越州	90,279（a）	20,685（h）	a / A　18.6	h / B　13.2	▼
明州	42,127（b）	4,083（i）	b / A　8.7	i / B　2.6	▼
婺州	144,086（c）	48,036（j）	c / A　29.7	j / B　30.8	△
衢州	68,472（d）	46,137（k）	d / A　14.1	k / B　29.5	△
睦州	54,961（e）	9,054（l）	e / A　11.3	l / B　5.8	▼
处州	42,936（f）	19,726（m）	f / A　8.8	m / B　12.6	△
温州	42,814（g）	8,454（n）	g / A　8.8	n / B　5.4	▼
总计	485,675（A）	156,175（B）			

地区	天宝户（742—756年）	元丰户（1078—1085年）	占比（%）	占比（%）	变化趋势
越州	90,279（o）	152,922（u）	o/C 18.0	u/D 18.2	△
明州	42,127	115,208			
台州	83,868	145,713			*
	125,995（p）	260,921（v）	p/C 25.1	v/D 31.1	△
婺州	144,086（q）	137,051（w）	q/C 28.8	w/D 16.3	▼
睦州	54,961（r）	76,751（x）	r/C 11.0	x/D 9.1	▼
处州	42,936（s）	89,301（y）	s/C 8.6	y/D 10.6	△
温州	42,814（t）	121,916（z）	t/C 8.5	z/D 14.5	△
总计	501,071（C）	838,862（D）			

注：*唐广德二年（764年），象山县从台州改属明州。

青山定雄《对隋唐宋三代户数的地域考察（1）（2）》，《历史学研究》，6卷4、5号

如前所述，大举“迁移”与“开发”的进程息息相关。据《宋书》卷五十四第十四列传“孔灵符传”记载，5世纪中叶，刘宋人孔灵符任丹阳尹（郡县长官）时曾上奏道“山阴县土境褊狭，民多田少，徙无赀之家于余姚、鄞、鄮三县界，垦起湖田”，获准后，他将开垦的湖田变为肥沃的农田。自此三百年后的唐开元二十六年（738年），江南东道采访使齐瀚奏请朝廷重置在唐初一度被废的鄮州，获准后设明州。齐瀚转任润州刺史之际，召集润州辖内流民五百户，令其迁往明州并安居于此。[1]在正式开发之前，朝廷和官僚参与贫民和流民有组织的迁移，由此推动大规模开发的情况并不乏见。齐瀚大约也是如此，他通过设置允许移民持有土地或减免课税等有利条件，吸引人们移居至沿江和沿湖的低湿地带。如表1所示，唐中期以后的浙东沿海地区人口不断增加，上述客户占比达五成至六成，足见迁来人口之多（表2）。

---

1 《雍正宁波府志》，卷十八，名宦，唐。

表2　移居鄞县、镇海县人数（按籍贯区分）

朝代	县内（a）	占比（a/A）	府内（b）*	占比（b/A）	浙江省内（c）**	占比（c/A）	省外（d）	占比（d/A）	合计（A）
唐宋元	70	22%	52	16%	61	19%	138	43%	321
明	212	44%	138	28%	53	11%	81	17%	484
清	214	49%	141	32%	47	11%	39	9%	441

*不包括鄞县与镇海县

**不包括宁波

移居者迁来的时间和原籍

以籍贯分类，表2统计了迁移至鄞县和镇海县已知籍贯的1246例移民的情况。唐、宋、元时期，最远从浙江省外移居来的外来移民最多，到了明清，又随着时代变迁急剧减少。来自长江以北的123例移民中，约半数的63例都来自当时宋的政治中心，即宋代行政区划下包括首都开封府与洛阳在内的京畿，京东东路、西路（几乎为山东全省），京西南路、北路（几乎为河南全省）一带。将移民者原来的籍贯按路（接近后世“省”的行政区划）进行分类的话，依次是包含明州在内的浙东路（152例）、浙西路（40例）、河北路（36例）和福建路（34例）。明代依次为安徽省（19例）、福建省（17例）和山东省（11例）。清代依次为福建省（20例）、安徽省（6例）和河南省（4例）。在象山县，依次为除宁波外的浙江（223例，宋元明清总和）、福建（64例）、河南与安徽（各3例）。这些数据的共同之处就是安徽与福建二地均居于前列。基于来自福建的移民数量之多，再结合途经的温州与台州的情况来看，可以推知有一条从海上向宁波北上的迁移路线存在。

由宋至清，自浙江省外而来的移居者趋于减少，但宁波府内的短途人口流动却有所增多。通过观察浙江省内的中短距离流动，可知移民的籍贯依次为：

宋代：苏州（21例），越州（17例），台州（8例），杭州（7例），常州、湖州、婺州（各3例），秀州、睦州（各2例），润州、温州、处州（各1例）。

明代：绍兴（40例），台州（8例），杭州（4例），金华（2例），湖州、处州、温州（各1例）。

清代：绍兴（34例），台州（10例），温州（2例），金华（1例）。

据此可言，任何一个时代都有两条路线存在，一条从越州（绍兴府）沿陆路向东，另一条从台州往北。综合前面提到福建路线的存在可知，通过沿海北上的路线和从内陆东行的路线都与宁波相交。

金军来袭

许多迁移者来自宋代的政治中心中原，其中北宋末和南宋初以“避金人之乱”“扈驾（皇帝）南渡”而来的移民有31例。这表明，女真族[1]入侵华北导致的宋王朝南迁是华北一带的人们移居宁波沿海地区的主因。那么，女真人入侵中原后究竟做了什么?

众所周知，靖康元年（1126年）闰十一月，金军攻陷宋都开封，绑架了包括徽宗和钦宗在内的皇室成员约500人以及官僚及女眷约2500人，并将城内财宝洗劫一空。官僚阶层依附于王朝而存在，没有政府，他们就失去了地位，也没有了收入，因此，官僚们离开华北逃往江南也就不足为奇了。但其时南逃的避难者中并非只有政府官员，还有其他各个阶层的人。随战乱发生，必会出现难民和人口流动，庶

1　也叫女直。居住在中国东北地区的通古斯族。12世纪初，由完颜阿骨打一统全族，建立金国。

民逃离战乱，实属自然。其时金军之残暴行为着实骇人听闻。例如，北宋灭亡四年后的建炎四年（1130年）二月二十三日，金军渡江南下，攻打名城苏州。宋军逃亡后，金军进入城内肆意烧杀抢掠，三月一日金军离去后，运河里有男尸85000具、女尸111000具，道路上有男尸62000具、女尸25000具。另有遭到焚烧、性别难辨的尸体残骸157000具，还有被掳走的女性和孩童达10万之多。即便此说有些许夸张，但不难想象，人们听罢金军此种暴行，必惊恐万状。故此而言，宋人避难的行为并不过分。

当然，人们的避难地不止宁波，而是江南全境。但来自华北一带的难民却选择了明州作为移居地，而非江南其他地区。明州成为难民的首选之地，其地位之高甚至超越了当时享有“上有天堂，下有苏杭”美誉的临安（杭州）和苏州。较长江下游三角洲上的大城市杭州、苏州、湖州和秀州而言，许多来自华北地区的难民选择移居至沿海地区的明州及其南面的台州。这或许是因为海路是能从游牧民族追兵手中逃脱的终极办法。实际上，苏州惨剧发生前一年的建炎三年（1129年），南下的金军曾兵临杭州（临安府），高宗皇帝被迫离开杭州逃往明州。不久，金军追兵便接近明州。张俊率领的宋军在明州郊外的高桥迎击金军，其骁勇善战竟一时逼退金军的进攻。其间，高宗从海路逃离明州，宋军也南下退至台州。高宗离开明州之际，曾下诏只许亲兵三千随从，命文武百官可分散居住于浙东诸州。[1]所以，诸多官员分散逃避至浙东诸州，但也有人与临安知府袁子诚一样，留在明州并定居城西。皇帝出逃后的翌年一月十六日至二月三日，短短半月，明州城就落入金军之手，城内居民纷纷逃往城外避难。据传，当时遭难

1 《建炎以来系年要录》卷三十，建炎三年十二月己丑。

的四明名门袁氏的袁文[1]时年十一岁，他携四千亩田契随乳母范氏一同避难[2]。同样还有与明州望族汪思恩之女结婚的福建莆田县人陈膏之子居仁，他在出生不久后就遭遇金军入侵，和亲族在深山老林躲藏时竟毫不哭闹，被传为佳话。[3]

宋代官僚向往明州

诚然，宋朝南下对宁波史的影响最大。然而，官僚们移居明州发生在整个宋代，而非仅限于南宋初期。这些人作为地方官赴任后，便与家人移居过来。从其赴任时的官衔来看，移居至此的有各个层次的文武官员，且多达45例，但其中仅6例是因为金军入侵，在“建炎之初”移居而来的，其余多数人是在和平时期选择移居明州的。与邻近的温州相比，从唐末到宋初，温州虽有众多福建移民迁居，但并无现役官员。因此，这足以看作宋代明州的一大特征。

那么，明州何以能够吸引官僚移居？北宋庆历年间（1041—1048年），王安石曾拒绝参加朝廷高官许诺给他的、只要合格便能就任中央的馆职[4]考试。他执意赴任地方官，并就任他为官后的第二个官职——鄞县知事。他曾列举了“十数个希望前往的郡县”，奏请赴任期许之地。据说他也列举了各种理由，其中最重要的理由就是经济条件。当时，他扶养的家人多达数十人，家境窘迫，以至于每月俸禄仅能维持数日。[5]

---

1 与袁子诚无血缘关系。1190年卒。

2 袁燮，《絜斋集》卷十七，先公墓表。

3 楼钥，《攻媿集》卷八十九，行状，华文阁直学士奉政大夫致仕赠金紫光禄大夫陈公行状。

4 馆阁之职。馆阁负责图书校正与收藏，优秀文人学者云集。

5 王安石，《临川先生文集》卷七十四，上执政书。

鄞县是他希望的赴任地之一，明州作为工作地点，在收入上颇具吸引力。虽然王安石并未移居明州，但我们可以认为他希望赴任之地和希望移居之地互有重合。竺沙雅章[1]指出，宋代的许多官僚和士大夫曾在赴任地购置优质房产以备将来移居之用。

明州固有条件优越，有杭州外港以及大运河终点的交通优势，随着农地的不断开发和商业活动的开展，明州还成为一个财富聚集地。此外，明州也是军事要冲。南宋绍定二年（1229年），胡榘辞去沿海制置使兼庆元知府，移居至镇海县南部的柴桥镇庐江村。他命令自己的儿子开垦田地，成功地使胡氏后代衍生出多个分支，并得以繁荣。元延祐年间（1314—1320年）进士曹凤是苏州吴县人，他稍晚于胡氏移居至柴桥镇庐江村，其后代同样发展成一个大族。他因直谏被贬为定海县儒学司训，解职后隐居于庐江村东，其家族在柴桥和紫石一带繁荣起来。使用了"隐居"二字者尚有6例，但这未必意味着他们平静地度过了余生，而似乎具有更加积极的含义。南宋绍定年间（1228—1233年），苏州人卢万就任定海县知事，但其子的境状则是"贫不能归家"（《鄞县史》）。所谓隐居之说，与"唯爱四明风光"的理由一样，是避免他人对购置房产并移居进行批判而使用的套话。不论官僚，还是庶民，能够吸引他们的重要经济条件，也许就是优质的房地产。与因饥荒等原因大量迁移的其他地区不同，宁波本身具备的经济魅力正是吸引大量移民移居至此的原因所在。

到了明代，类似的情况却仅有2例。洪武年间（1368—1398年），童全从慈溪县搬至鄞县梅园乡建岙，之后又移居至鄞县城内月湖西岸。另有工部都水司员外郎毛伦从爱中乡乌岩移居城中。这二位都不

1 竺沙雅章（1930—2015），日本学者，专攻宋元佛教社会史，京都大学名誉教授。——编者注

是作为地方官赴任宁波的，属于府内移居。到了清代，便再无官僚移居之例。移居人数锐减，并非因为宁波魅力不再，而是法律限制的结果。明朝政府限制官僚与赴任地的居民缔结婚姻关系，且规定致仕者必须还乡。清政府则明令禁止官员在任地购置房产。

提到明朝的婚姻禁令，就不得不提及“入赘”这一概念。中国普遍的婚姻形态是“男娶女，女入夫家”。与之相反，宋代之后，男子入赘女方家的招婿婚姻开始盛行。这是一种因男方贫穷无法支付高额聘礼的婚姻形式，也是富裕阶层为获得优秀男子作为继承人以免断绝香火的手段之一。一般而言，男方并不会为了寻求入赘地而离开原籍，但也有在移居地成为赘婿并定居当地的情况。比如，鄞县潘火乡童王村王氏始祖王安基，在北宋庆历七年（1047年）族兄王安石赴任鄞县知事时，随其从江西省临川县来此，并成为潘火乡王氏的女婿。

虽然未见其他有关王安基的记录，但像他一样的地方官同族兄弟，他们前途无量，却经济拮据，完全有可能与地方权贵之女联姻。元代的王师中、明代的王可久等，他们自称王安石子孙，均从临川县移居至此，也足以证明这一点。明代洪武初年，何子京入赘金峨陈岙陈氏，他是南宋建炎年间（1127—1130年）自庐江移居至鄞县城的御史中丞何铸的第十世孙。还有入赘潘火乡仇毕村仇氏的毕匡明也是一个例证，他自称是提举史毕朴齐的第十世孙，祖辈随高宗来鄞并移居至鄞县五乡土桥，当时他被视作入赘良婿。

有关移居明州的例子还有很多，总之，迁移至明州非常盛行，且都限于府内。后因明代颁布禁令，便不再有诸如王安基这样地方官子弟与当地住民联姻通婚的事情了。

非官僚移民

松田吉郎的实地访谈调查表明，直到20世纪初，宁波一带地主经营的农业主要依靠被称为短工和长工的农业人口进行劳作。据了解，这些农业人口多为当地村落最底层的贫农，他们没有自己的土地，除进行农作以外还兼做其他各种有偿雇工。其中，从事季节性劳作的短工有一部分来自村外，他们在雇主安顿的地方起居饮食，雇佣合同期满后拿钱走人。而长工则多居住在村边，他们许多人深得地主信赖，所以酬劳较高，而且还负责监管短工。如此，有一部分村外来的雇农便扎根定居了下来。东郊乡单家村，明代时叫作赵家村。村里的大户单、明、纪三姓原为赵氏一家的雇农，赵氏衰落后，单氏一家逐渐兴起，村子随之被改名为单家村。单氏家族是在光绪年间（1875—1908年）从奉化县移居至赵家村的。妙山乡汪家村的陈氏一家本也是劳农，他们从慈溪县龙山镇金夹岙来此务农，后成为长工，便定居了下来，至今已有两百余年。据传，福明乡王家园原本是宋末王氏一家建造的花园，而今的望族邵氏一族先人曾是王氏一家的帮工（季节性劳农），早在三百年前，他们从相邻的邵家村迁居而来。这些劳农迁入既有的村庄或者建立新的村庄，一直延续至今。比如，裘市镇蕙日庵，原为裘氏一家的菩提寺，1949年革命时期闲置，无人居住。后来有一位长工在此落脚，开始耕种庵内田地。近年来，来此的居住者不断增加，现已形成有8户34人的一个小村庄。如此，劳农并不只来自邻村，也有许多外出打工的劳农来自比较远的奉化县、黄严县、慈溪县等地。

接着来看本就流动频繁的商人群体。裘市镇应氏始祖是做糖果生意的商人，南宋乾道年间（1165—1173年），他们从南边台州的黄严县而来。慈城镇汪家村汪氏祖先也是在南宋时期自安徽省徽州而来的茶商。明代，徽商姚毅在城内月湖湖畔安家落户。鄞县半浦乡黑白屋村的陆氏一家本也是出身福建的木材商人，移居后在此地继续家业，并建造了黑色外墙的楼房。道光年间（1821—1850年），他的外甥张氏又建了一幢白色外墙的高楼，此地故而得名“黑白屋村”。练光溪、光桢兄弟也都是来自福建武平县的商人，他们为此地的水光山色吸引而定居下来。住在城内甘溪的洪氏一族的始祖洪高遂，是清初从徽州歙县随兄长来到鄞县的盐商，他们自称是唐朝进士洪经纶的后裔。此后洪氏一家逐渐繁荣，进而分成城内四派，家族进士辈出。另有广东客家穆氏在城内穆家巷创业有成，其子孙回到广东后，宅子转入刘氏之手，但巷名未变。宣统年间（1909—1911年），严氏一家从邻近的余姚移居至洪塘镇桂严村经商，后迁出离开，村里便再无严姓。商人的流动性极高，从这一群体的活动情况来看，海港商业城市宁波也是内陆新安（徽州）商人、北上的福建商人和广东商人的交会之处。

因为捕鱼，渔民必须用船，其流动性也很大。如若没有了船，那么他们就会上岸定居。明初，原以捕鱼为生的徐氏一家从鄞县前徐村搬到福明乡牛郎漕村，后来子孙繁荣、人丁兴旺，繁衍出了新的村落。清初，余姚江的渔民张氏因遭遇渔船倾覆而无处安身，不得已在裘市镇大西坝登岸结庐，靠半农半渔谋生，之后家族不断发展繁衍并形成了村庄。到了清中期，同为余姚江渔民的张氏漂流至一处支流沙洲，便在此搭茅舍定居下来，之后，沙洲逐渐发展，形成了裘市镇支浦张村。清朝初年，慈溪县三北镇的唐氏也在余姚江上捕鱼时遭遇沉船，随后在此用打捞上来的沉船建造小屋定居下来，同样也过着半农半渔的生活，后此处也发展出了村落。以上所有清代的事例都是渔民因事故失去船只而被迫登岸后定居下来的，并非有计划的移居。洪塘镇留车桥村本是由舟山渔民定居后形成的一个村庄，现在的居民有郑、翁、赵、邬、余、邵六姓，六姓的祖先都是舟山渔民，均是为了捕鱼来到此地的。这与上述的“遭难→上岸→定居”模式不同，而是舟山渔民为了捕鱼，先把这里当作临时基地，之后逐渐开始定居的。

“分居”的迁移形式

分居是指一部分亲属离开聚居地迁移到其他地方的形式，其前提是一族繁荣且人口增多。分居不是全族移居，而是本家留下，其余一部分人迁移至别处。这种类型的迁移属于发展型移民的范畴。

北郊乡老陈家庄的陈氏一族于元代从河南省搬迁到鄞县姜山，到了明代，他们又迁至镇海县西管乡陈家庄。其后子孙繁衍、人口增加，一部分便分居至村东。原来的村庄叫作老陈家庄，村东的新村落则叫作新陈家庄。光绪年间的《镇海县志》里只记作“陈家庄”，因此可以推断出陈氏家族的分居发生在光绪年间之后。除“分居、分栖”的说法外，“分迁、分支、分派”等用语的意思也基本相同。分居带来的迁移多发生在宗族的扩大过程中，其重要特征之一就是迁移距离短。在总计88例中，同一乡镇内移居的有37例，同一县内移居的有36例，宁波府内移居的有11例，宁波府外移居的有2例，其余2例情况不明。在这之中，移居前后地点均在同一县内的占83%，如：南宋建炎年间，邵氏一族自开封移居至福明乡邵家村，明崇祯年间（1628—1644年），部分族人分居至同乡松下漕村；到了清代，邵氏一族积极扩张，在康熙年间（1662—1722年）又分居至同乡柳隘村，光绪年间（1875—1908年）他们再次迁移到东边的梅墟镇滕园，还移居到了福明乡田庄村。同样离开邵家村的人中，还有的搬到了邻村的福明乡王家园村与王公漕村。倘若分居之后，移民们并未建立新的村庄，也没有成为村中望族，就难以留下任何记录。因此我们可以推测，分居移民的事例事实上远远多于记载的事例。众多未记录下移居原因的短距离迁移中，应该也包含分居型移民。

（本田治）

第二节　居岛为生的人们——舟山群岛的环境与历史

舟山的海

舟山群岛的海总是浑浊泛黄，与沧海全然不同。19世纪的航路志中记载着“海水混浊不清，退潮时更甚”，11世纪出洋来宋的日本僧侣成寻[1]也特别提及“海水极黄”。成寻乘坐福建商人的商船一早从九州出发，七日后到达舟山。一开始，商船似要破帆般在海上乘风疾走，翌日就穿越了济州岛。之后，两度风停，虽然遭遇了一次逆风退行，但总的航程还算顺利。水之所以呈黄色，是来自长江与钱塘江的泥沙混杂的河水随着海潮源源不断流到舟山群岛近海的缘故。

到达舟山的四天前，成寻从船员处得知船已进入宋朝海域。日本周围的海很深，海底是石沙，而中国的海很浅，海底多是泥沙。帆船时代，人们将涂有猪油的铅块绑在绳子上投入海底，以此测量海的深度，或采集海底的土沙来确认船所在的位置。

舟山群岛散布着一千多个岛屿，似有拥塞杭州湾之势。进入舟山群岛后，成寻乘坐的船只行进变缓，穿过众多岛屿到达宁波外港的镇

1　平安时代天台宗的僧人，著有《参天台五台山记》。

海，足足需要八日。有时不能顺风而行，但即便是顺风时，仍需要根据潮水情况或终止航行，或降帆改用船橹小心行进。有时在停泊中突遭暴风，就会让岛民用小船将船只拖到岛背面的海湾紧急避险。

19世纪的航海志中对在这片水域里航行敲了警钟，即“舟山群岛周围和岛屿之间，海流极为凶猛，有时海流速度高达七至八节。强风时多生急湍，小船航行十分危险”。

海水的涨落造成了如此错综复杂且冲击力极强的海流。舟山所处的东海和黄海都是水浅且面宽里窄的海域，这就为巨大潮汐差的产生提供了条件，太平洋里产生的一米左右的潮汐差在这里会陡然增至数倍。而且，在这里的好几处地方，来自太平洋的潮波与反弹回来的波浪相遇，波涛汹涌，异常猛烈。其中一处在杭州湾稍稍以北的地方，著名的钱塘江大潮就是从此处涌入湾内的满潮所引起的。一天中，潮水涨落各有两次。在南北潮波交错的舟山附近，落潮时潮头先从北到东，后由东至南，涨潮时潮头先从南到西，后由西至北，仅仅一次潮涨潮落之间，潮头方向就四度发生变化。瞬息万变的海潮又与海中的众多岛屿和礁石相撞，因而又形成许多漩涡和早潮。即使肉眼看那岛近在咫尺，但有时候却会因为潮汐状况不能前往，或者必须绕行一大圈才能到达。

舟山自古便有广为人知的三处险关，其中一处是崎头洋。在一直向东延伸的狭长岬角和其他岛屿之间形成的U字形水域里，多发猛烈的漩涡和早潮。特别是潮水涨落时，海流尤为激烈。在帆船时代，逆流前行就是不要命。另一处是舟山本岛与镇海港东边的金塘山岛（金塘岛的旧称）之间的航道。航道中央还有三山岛，以及被叫作蛟门山的巨大尖岩，海流激烈撞击这些岛屿和岩石，形成漩涡和竞潮。蛟门即覆舟的蛟龙潜藏之所，到宁波的外洋船要想通过此处，就只能等待海流趋于平静的那一小段时间。第三个险关叫作灌门，位于舟山本岛和其北边的秀山岛之间，礁石和岬角众多，航道狭窄。这里的海流时而旋回、相互撞击，波浪汹涌似沸腾一般。过往行船只能将供品投入海中以求平安。船的劲敌并非只有海流，岛屿周围还潜伏着数不清的礁石和沙堆，极易触礁。无论何处，暴风都是船只的威胁，在岛屿众多的海上行船，尤要注意从山上刮来的或者穿过岛屿之间的狂风。从春天到夏天，遮蔽视野的浓雾频发，如果没有熟知这里的潮水、气象及海中地形的船员，在这片水域航行犹如登天。

陆地的视角

成寻所乘船只通过舟山时颇费了一番周折，这并非只是因为潮水和风的原因。船员们途中迂回，耗费了两天的时间，为的就是去到一个岛屿，在那个岛屿上的佛堂祈祷航海安全。在那里，福建商人送给成寻一种有名的水果——荔枝。由此可知，那个海岛也是前往日本、高丽的船只与返回福建、广东的船只海上社交的一处地方，是他们交流信息的一个场所。但外洋船聚集于此另有原因。这座岛上有两口大井，井水干净清澈，成寻等人也在此处汲水沐浴，洗涤海上旅程中积累的污垢。对于外洋船来说，水是命脉，这样的水井和泉眼尤其宝贵。这个岛上之所以建有佛堂，许是因为这里曾是船只在航海前后补给淡水的会聚之地。以观音道场声名远扬的普陀山[1]，就其面积而言，海拔很高，水资源也非常丰富。可见，水同样是岛上居民不可或缺的重要生活资源。

舟山群岛上自古就有人居住。成寻在船上也看到了村落，他还

1　详见第Ⅲ部分第七章第一节“‘海’之神——观音信仰与日本”。

向船员询问过那些目之所及的岛上居民的户数。宋代在岛上设有昌国县，是一个独立的地方行政机构。但关于舟山的情况和岛上居民的生活，却鲜有岛民亲述的历史信息，时代越是久远，就越似空谷跫音。若要基于文字资料去叙述群岛的历史，只能依赖“陆地”上的文人政客所撰著的文字和书籍。因此，必须小心其中隐藏的“陆地”视角。下举一例。

14世纪前叶，文人吴莱著有一本舟山游记，叫作《游甬东山水古迹记》（甬是宁波地区的简称），该书开篇就介绍了舟山的位置：“昌国，古会稽海东洲也。东控三韩（朝鲜半岛）、日本，北抵登莱海泗（山东半岛）。”其后又介绍了到达县城所在地舟山本岛的航路以及群岛的概况。在正文中，他还介绍了几个主要岛屿，但大多是与该岛有关的神话和灵异传说，如因梅子真在此炼丹，故名为梅岑山[1]，又如徐福曾泊船于此，故北往可至蓬莱山[2]，等等，此外还记述了：循岛北往，遇耸入云端之巨石，登高东眺，可见高丽、日本[3]。这些传说都提示了舟山群岛的特点是地处边境地带。

对于吴莱设想的读者，也就是生活在陆地上的读书人来说，舟山群岛既是一个异界，那里神仙栖居、神秘莫测，又是漂浮在海面上连接日本、高丽等外国海界的岛屿。因此，昌国县下辖行政单位的乡镇里，有的使用了蓬莱、富都等与神仙相关的名字。《游甬东山水古迹记》中也提及了佛教经典中把梅岑山叫作补陀洛迦山[4]，关于这个观音

1 原文：“东到梅岑山，梅子真炼药处。”

2 原文：“……徐市（徐福）盖尝驻舟于此。土人云，自东霍转而北行，尽昌国北界，有蓬莱山。”

3 原文：“自山北转，得磐陀石，山粗怪益高，叠石如峌。东望窅窅，想象高丽、日本界，如在云雾苍莽中。”

4 原文：“东到梅岑山，梅子真炼药处。山梵书所谓补陀洛迦山也。”

道场亦是如此（普陀山）。

舟山群岛在人们的印象中还是海盗的盘踞地，元末明初发生方国珍起义和兰秀山之乱后，更加深了这种印象。16世纪的宁波地方志中提到，鱼贩和盐贩群居岛上，抢掠商人财物并沉之于大海。人们曾称岛民为“岛夷”，把他们看作一帮破坏治安的蛮勇之徒。许多内陆的政客文人谈论舟山群岛时，骨子里对舟山群岛充满了好奇和避而远之的情绪。他们认为，舟山群岛是与内陆迥然不同的海上异界，是一个只论蛮勇的地带，只会让国家边境地带不得安宁。

岛上生计

那么，岛上人们的生活实则如何？关于其船停泊的岛屿，成寻记录着：“该岛有四处港湾，人家多。我们停泊的港湾居住着11户人家，其中两户为大瓦房，其余皆为茅草屋，另有白羊和黑斑羊十余头。”海港村落里，大瓦房高高凌驾于茅草屋，清晰体现了这里岛民的不同阶层。据说在13世纪的福建，海盗成患，问题不断，与盗贼为伍的岛民都是“海滨土豪”和“小渔船上的捕鱼者”。想必舟山群岛亦不例外。

关于群岛的概况，吴莱写道：“昌国中多大山，四面皆海。人家颇居篁竹芦苇间，或散在沙墺，非舟不相往来。田种少类，入海中捕鱼蝤蛑蛇母弹涂桀步，腥涎亵味，逆人鼻口，岁或仰谷他郡。”新鲜的海味似乎不太合文人的胃口，但从这些描述可知当地海产之丰富。然而，岛上农作物稀少，需内陆其他县供给。同时期编纂的昌国地方志里也提到，县内土地狭小、含盐量高，所以庄稼及纤维原料的产量低，与之相比，渔业、制盐业和船运业则获利颇丰。我们认为，正如成寻所说，虽然岛上也有羊之类的家畜，但岛上的物产多为岛民自给，或在岛内消费。因此，岛民们的主要生计就是拜海所赐的渔业、制盐、海运等。

宋代就有所记载，舟山群岛的代表性渔业是黄鱼捕捞。黄鱼属石首鱼科，因鱼头有耳石，故古来也称石首鱼，有小黄鱼（日文名Kiguchi）和大黄鱼（日文名Fuusei）之分。小黄鱼全年洄游于中国沿岸，到了春夏两季的产卵期，就会大量进入浅海。在杭州湾附近，春分前后的一个半月是“春汛”渔期。为了捕获浮到海面的鱼群，舟山群岛当地的船只自不必说，加之来自江苏和福建的船只，足有数百艘渔船聚集在那里。据说丰渔期时，一网就能装满整艘船。混浊的海水富含营养，依靠泥中养分生长的浮游生物众多，引得以此为食的鱼群大量群聚于此。捕获的鱼被运到附近的岛上售卖并制成白鲞，再在沿岸和内陆各个城市里上市。到了明代，因江南富豪喜食鲜鱼，开始有冰船同行。

从立夏开始到夏至的“夏汛”是捕捞大黄鱼的渔期。舟山的渔船自北向南，穿越群岛，追逐着大黄鱼鱼群。这些大黄鱼个体大、单价高，是江南食用鱼的代表，捕捞黄鱼需要耗费的金额也相当巨大。船老大租借船只并雇用水手，这是海洋捕捞最常见的一种方式。付给船主租船费和押金，承担水手们的薪水和酒饭钱，还要买祭祀用的供品等，需要大量的本金，若捕鱼量少，就会负债。这种租赁关系中，租船和提供贷款的都是岛滨的土豪，而以借款作为本钱当船老大的则都是住在茅草屋里的人。倘若翌年丰渔，可完全偿清借款，如连年无鱼便极可能终生负债。当然，还要向官府纳税，明代后期一艘船征税五两银子。

白鲞加工使用的盐均产自岛内。舟山多平浅的海湾和沙堆，涨落潮差大，自古制盐业发达。民间多由各岛上的土豪雇用岛民制盐，到了宋代，制盐转为官营，为此官府用堰堤隔开海湾和沙堆形成盐田，开始大量生产用于售卖的盐。制盐工人多是被征为徭役的岛民，有时也会有偿雇佣。向内陆运盐时多借用土豪的大船，捕捞淡季时，从事黄鱼捕捞的岛民和岛船也会转而产盐并运往内地。

海岛生活固然离不开船。南宋末期开庆元年（1259年），浙江省东部13县登记在册的船只数量仍留有记录。据此可知，昌国县有3324条船，在13县中位居第一。其中，有597条船宽一丈（约3米），有2727条船宽不满一丈。当时，宽一丈以上的船应该被归为“大船”。政府根据这种大小区分登记船只数量，意在每年的税收和必要时征召徭役征借船只。

元代制定了船户制度，该制度主要针对从江南到大都[1]的税粮运输。元朝在13世纪末就形成了海运体制，其漕运需要1800条船，这1800条船主要征用自江苏和浙江（后来还有福建）沿岸设定的约八千船户。实际上，这些船户都是附近海域具有实力的大户，也就是土豪，他们必须提供船只和船员作为漕船（运输船）。征用的报酬以交钞（纸币）支付，但随着通货膨胀与王朝衰落，交钞大幅贬值，导致船户越来越不愿意出租船只。另外，也有一些船户借口海难偷卖漕粮，或者搭乘漕运船只进行私货交易，还有的通过漕运途中劫掠漕粮等手段牟取暴利。这1800条船被分配到各个港口和岛上，舟山群岛就有两处，即金塘岛烈港（“烈港一带”）和秀山岛（“昌国秀山”）。烈港是四面环岛的良港，曾是浙东庆元路147条漕船的开航港（北上漕船的集合港），因此理所当然地成为船只调度的中心。然而，秀山岛并不具备这些特征，为何会被选作集合港呢？

1　元朝首都。现在的北京。

东亚海域中的舟山群岛

在回答这个问题之前，我们需先追溯一下舟山群岛的历史特点。首先，舟山群岛在东亚海域交流中发挥着“中心”的作用。连接江南地区和中国南北沿岸，甚至日本列岛和朝鲜半岛的航线都在此交会，来往日本和高丽的福建和广东商船也多经由这里。这一特点在关于观音道场普陀山的各种说法中也有所体现。9世纪，那些把观音信仰传播到海外的船只，它们的目的地各不相同，有高丽、日本、西域等地，17世纪荷兰人偷盗的佛像和梵钟也被运送到了长崎和巴达维亚[1]。这些足以证明，舟山群岛通过海路与东亚各地以及东南亚、西南亚的来往密切。

外来船只停泊在舟山群岛的各个港口，其目的各式各样，或者是为了等待风的变化和潮汐，或者是为了薪水和粮食的调配，或者是为了修理破损的船体，或者是为了祈祷航海安全前来拜神，也或者是为了各船之间进行信息交换。外来船停泊港湾本身就会给岛上居民带来多方利益。于是，有许多岛民或作为船员，或成为商人往返各地。如前所述，为了能够获免漕运船户的任务，岛民需要贡奉“沙鱼皮”作为替代。所谓“沙鱼皮”，是登记在市舶司进口商品目录上“细色”（稀少品）条目中的高级舶来品，据说“其实并非产自本州（昌国州）”。宋代的文言志怪集《夷坚志》里就已提及昌国海商，由此说明有些岛民已然是海上贸易的主体。另一方面，群岛也成为一些人躲避货物征税和违背禁令投机倒把的地方。比如，当铜钱大量流向海外时，南宋政府多次颁布了铜钱出口禁令，并在庆元（宁波）港口实施船舶临检。然而，商人们先将从台州等其他港口运出的铜钱藏匿于

1　印度尼西亚首都雅加达的旧称。

"海中人家"或"海山险处"，待通过临检后再顺路将大量铜钱运往日本等地。宁波海面上的"海中人家"或"海山险处"自然也包括舟山群岛在内。

舟山群岛地处陆上权力不易把控地带，换言之，其在海上具有高度的自律性，因此成为中国为数不多的"海盗银座[1]"，叛乱、倭寇等边患频发。这就是舟山群岛历史的第二个显著特点。南宋时期，皇族官员赵伯圭（宋孝宗的同母长兄）积极致力于明州振兴，也重视对付海盗。他以"大宋国明州沿海制置使"的名义向平清盛递交外交文书，此事广为人知。赵伯圭招安海盗首领并令其维持海上治安，他将海盗船只编入水军，并长期雇用岛民为其属下。此外，元末猛将谔勒哲图平息了在舟山群岛的"倭商"发动的暴乱，还成功镇压了盘踞在群岛北边最大的海盗"静海王"。如此佳话虽不算多，但足以说明对舟山群岛海上势力管控之不易。

为了应对这些海上"边患"，明朝政府实施了严格的海禁政策，对海上活动明令禁止，加以限制。强推禁令的永乐帝[2]在即位后不久便下诏："使臣有还自东南夷者，言：诸番夷多遁居海岛，中国军民无赖者，潜与相结为寇"；"今特遣人赍敕往谕，凡番国之人，即各还本土，欲来朝者，当加赐赉遣还。中国之人逃匿在彼者，咸赦前过，俾复本业，永为良民。若仍恃险远，执迷不悛，则命将发兵，悉行剿戮，悔将无及"。[3]舟山群岛的岛民们被强制迁移到内陆，仅留水军军营驻守岛上。即便如此高压的政策，一旦有所松动，还是会衍生出政府难以发现的"灰色地带"（自由区）。由于这些政府统称为"倭寇"

1　银座，日本的繁华街区。——译者注

2　即明成祖朱棣，明朝第三位皇帝。1402—1424年在位。

3　《明太宗实录》卷十二上，洪武三十五年九月戊子。——编者注的诸势力介入，“灰色地带”为受到严格限制的海外贸易打开了漏洞。舟山群岛南部的六横岛就是其中之一，岛上的“双屿”就是由中国、日本、葡萄牙等的海上势力共同组建的贸易据点。随着政府厉行监管，群岛内各处接连爆发了水军与被称为“嘉靖大倭寇”的倭寇势力之间的冲突。

彼时，日本列岛上也形成了统一政权，日本开始实施遏制海寇和限制出国等海禁政策。随之，舟山群岛内的动荡趋于平息，人口也开始逐渐恢复。奈何明清朝代交替之际爆发了大动乱，致使海上枢纽舟山群岛再次成为浙江鲁王政权与福建郑氏势力等抗清力量的桥头堡，这些抗清势力与清水军激烈攻防，战事迭起。顺治十二年（1655年），因防御不济，清军将岛民尽数迁往内陆。康熙十年（1671年），留到最后的普陀僧人也全都转移到了宁波等地。这便是清代迁界令（又名迁海令）的舟山版本。

而今，舟山博物馆（位于舟山市定海区）里还展有描绘当时景象的后世之作，画面表现了清军大肆掠夺、岛民四处奔逃的情景。

“兰秀山”岛

再说秀山岛。时至元末，各地相继爆发反政府起义，中国陷入群雄割据的混乱局面。至正十年（1350年），方国珍在台州举兵，他纠集海上势力沿浙江北上，逼近舟山群岛。此时，因为“惟兰、秀二山居民悍勇，善斗击，习海事”[1]，昌国县内正在商议起用岛民作为抵御海寇的主力，但在实施前就惨遭压制。

方国珍盘踞海上交通要塞，在掌握周边海域的制海权后，他一

1 （明）王祎，《王忠文集》卷二十四，赵君墓志铭。——译者注

边以宁波为据点向高丽派遣使者，开展独立外交，同时又向对手张士诚的根据地长江河口数次发起进攻。当时，担纲突击队的正是“兰秀山”岛的船队。秀山岛东侧遍布浅滩，不宜船只出入，故自古以来，岛上港口西侧景象比较繁盛。岛的中心是现在的北浦、南浦两处海湾。北浦背后耸立着岛名之来源秀峰，南浦的湾口则坐落着兰山岛。兰山和秀山并非岛名，而是指岛内的两座大港，后来又指代以此处为据点的海上势力。二者结合，谓之“兰秀山”。

洪武元年（1368年）正月，为对抗刚成立不久的明政府，舟山群岛的海上势力再度发动武装起义。发动武装起义的前一年，朱元璋的军队收服宁波，招降了方国珍。趁朱元璋的军队转战福建的间隙，起义武装袭击了留守部队军营，又派二百余艘船攻到宁波，遭守军抵抗，入城受阻。于是，他们封锁甬江入海口，与守军陷入持久战。洪武帝（朱元璋）下令当时位于福建的明军对起义军进行讨伐。四月，起义军在崎头洋与明军舰队交锋，惨败后溃散，其中一部分人远渡海外，逃到了济州岛和朝鲜半岛等地。《明实录》中将这些起义的海上势力称为“兰秀山盗”。

关于此次事件，其后朝鲜政府编纂的明朝外交文书集里，记录了在高丽被逮捕的林宝一的供述，他是起义的参加者之一。据此可知，起义的中心主要是兰山叶氏一族、秀山陈氏一族和长涂山（在秀山岛西北边）的王氏一族等。当时，在舟山本岛港口从事海盐装卸的林宝一，与叫喊着要参加起义的船主“莽张百户”（莽人张百户）等人一起坐船赶去甬江河口，受到在招宝山扎营的秀山“陈元帅”接见，加入了其海上封锁部队。之后，他们转而加入伏击了明朝舰队的陈魁四部队，败走崎头洋之战。林宝一先在群岛内的某小岛藏匿了一阵子，后在六月历经四天航程到了济州岛。他在济州岛买上当地特产裙带菜，之后坐船去朝鲜半岛卖，以此为生。突然有一天，他偶遇陈氏一族的陈魁五，陈魁五雇他为搬运棉布的脚行，随后他便与陈魁五一起去了全罗道，成为同样逃到此处的陈氏一族的手下。洪武三年（1370年）五月，明政府掌握了他们的动向，应明政府要求，高丽政府军突袭了古阜。林宝一和陈魁八一起逃到附近的岛上，赠予岛民苏木、明矾和绸带等物品后得以藏身。后来，林宝一利欲熏心，为了金银财宝打死魁八，最终被高丽政府的搜捕队抓获。

如是，秀山陈氏一族的族长被称为“元帅”，族长麾下集结了一批有势力的族人，均名带“魁”字。他们指挥其他族人和雇用者参加海战和潜伏。平时他们也从事船运、渔业和盐业以及海盗等，积极组织投入日常的生活。上述的“元帅”“百户”等，应是海上生活的人们使用的通称，并非正规的官名称谓。他们之所以能逃到济州岛和古阜躲藏，是因为他们有去那里航海的经验以及与当地人熟识。他们带到国外的财宝都是舶来品，说明他们也从事国际贸易。

抓捕林宝一的第二年，洪武帝下令将方国珍旧部的11万余士兵分配到内陆的军营中，并禁止沿海民众随意出海。禁令中对不从事农作的船户“兰秀山民”做了特别的标记。洪武二十年（1387年），明政府又以舟山群岛岛民勾结倭寇为由废除了昌国县，同时命全部岛民迁往宁波。明代后期的海防图籍《筹海图编》就此次迁海的理由作了说明，即“秀岱兰剑金塘五山争利，内相仇杀，外连倭夷，岁为边患”。由此可见，生活在舟山群岛的居民并非铁板一块。即便如此，他们依然在这片海域组成了一个开放的地域社会，与海对面的岛屿及其岛民的关系十分密切。

而今，并称“兰秀山”的两处海湾早已因为围海造地变成了盐田和农地。围海造地始于迁界令解除后的18世纪初，而整个海湾的陆地化据说完成于19世纪末。曾向洪武帝权威发起挑战的“兰秀山”，其作为海上势力根据地的港口面貌早已荡然无存。时至今日，岛上仍有许多男人从事海员工作，他们在国内外的海上乘风破浪。岛内的兰秀博物馆里有一间“海运史室”，陈列着许多兰秀山船籍的帆船模型。清代以后，秀山岛上的乡绅们也成为持有数艘大船的海运从业者，他们组成的“兰秀帮”在行业里是一个极其醒目的存在。中华人民共和国成立后，1954年，秀山岛上成立了当时浙江省内最大的海运集团。

“海运史室”的陈列品中，最大的是清末民初的大型船——北浦厉家的“金裕同”船的模型。其实物重七百至八百吨，可载四十至五十人。抗日战争时期，为了阻止日军逆流而上，最终被击沉于上海吴淞江口，结束了它的使命。

厉家船的名字前之所以都带有一个“金”字，是因为厉家的船神乃是叫作金夫人的金姓娘娘神（女神）。秀山岛的海岸边有很多庙，庙里供奉的是保佑海上安全的海神娘娘。据说实力雄厚的船主家里都供有厉家代代相传的娘娘神。有一处险滩曰“灌门”，与之隔海相望的秀山岛南端有一座英峙庙，祭祀着元末明初与海寇战斗过的许多英雄。1970年代以后，这里开始合祀吴姑娘娘神，庙内供奉着的一艘仿制帆船应该就代表了一位海神娘娘。看到这艘船的时候，我仿佛切身感受到了舟山群岛岛民对海的敬畏和虔诚。

（藤田明良）

第三节　宁波与浙江地区的海盗

20世纪初期的宁波近海海运和渔业

即使在20世纪初期，宁波的帆船贸易声势也十分浩大。然而，海盗这一人为因素却阻碍了宁波的船舶航运。不只是宁波近海，东海里的船舶航行也受到了波及。据宁波当地报纸报道，这种情形一直持续到20世纪初。鉴于这一点，我们想以近代宁波为中心论述沿海交通与海盗的问题。

20世纪第一个十年，根据当时在上海的东亚同文会调查得知，"宁波民船贸易繁荣，以宁波为据点，北至中国各地及长江流域，南至福建台湾等地。民船贸易盛极一时，此可谓宁波一大特色"[1]。直至20世纪初期，宁波依然是帆船贸易的重地。当时，蒸汽轮船航运开始有所发展，但正如调查所示，"中国沿海各地的蒸汽轮船业之发达已能削弱戎克[2]贸易的势力。但帆船的航行费用极低，加之其总体费用低廉，故蒸汽轮船与帆船间的货运分工盛行开来，不远之将来(帆船)尚不会衰落"，运输费低廉，各项均比蒸汽轮船便宜，这是帆船航运的一大竞争力，因此人们认为蒸汽轮船暂时还不会取代帆船。

根据宁波出版发行的报纸可知，即便到了20世纪，宁波的帆船航运依旧发挥着十分重要的作用。海盗的出现人为地阻碍了帆船航运。众所周知，自8世纪开始，海盗不只出没于宁波，还在东海频繁活动。特别是明代以后频繁出没的倭寇，以及清代出现的海盗，极大

1　日本外务省外港史料馆，外务省记录《东亚同文会之清国内地调查一件，第九期调查报告书，第一卷》，文献标识码B03050520100。

2　中国式帆船。中国特有的帆船的总称。

地阻碍了船舶的海上航行。20世纪初期，海盗依然猖獗。对此，宁波的地方报纸曾做过报道。

关于宁波从事远洋航运的帆船，上述东亚同文会的调查报告里有如下记录：

> 来往于远地的戎克属于南号会馆和北号会馆。
>
> **南号会馆**
>
> 位于江东河岸大道。会馆的戎克中，有宁波、镇海籍船三十二三艘，皆为约百吨的大型戎克，主要往来于宁波和福建及中国南部各地之间。福州出发的戎克主运木材。
>
> **北号会馆**
>
> 位于江东新街。会馆的戎克中，宁波、镇海籍船约有三十艘，吨位与南号会馆的相差无几，主要往来于宁波和天津、牛庄等其他中国北部各地之间。
>
> （中略）
>
> 此外，私有的大小民船甚多，二三月份各船集合，泊于江东河岸的大小戎克达数百艘。帆船林立，交易兴盛。

如上，在宁波经营远洋航运的帆船组织，有以宁波以南的福建方向为主要目的地的南号会馆，以及以宁波以北的中国沿海海域，即北洋的天津和东北辽河的河港牛庄为目的地的北号会馆。

在1921年关于山东半岛的海港——青岛的报告中也包含了胶州湾帆船贸易的记录。当时位于胶州湾西北沿岸的塔埠头港因毗邻胶州城而十分繁荣，一年中来到塔埠头港的宁波船多达50艘。虽然少于更接近胶州湾的江南沙船，但一年50艘的数量已经远超东亚同文会记录里所提北号会馆的30艘帆船。据此推测，宁波帆船极有可能在宁波和胶州之间一年往返两次。

（1） 20世纪初期的宁波近海海运

咸丰四年（1854年），段光清就任宁波知府宁绍台道之职，根据他的记录[1]，可知如下情形。

咸丰四年时，宁波北号会馆持有170至180艘海船（帆船）。19世纪中叶，宁波经营北洋方向帆船航运的船商里，大船商多持有十数艘海船，中等船商有七八艘，小船商则有两三艘。

从外海来到宁波港口的海船所运货物，通过宁波埠头货栈的中介，被转运到来自内河的帆船上。当时有三千余人在宁波埠头从事河船货物装卸，他们在进入宁波港靠岸和离岸的船只间进行货物装卸。没有他们的作业，就无法完成货物的集散。依靠这份收入维系生计的人甚至多达一万。

《时事公报》刊登了关于这些帆船航运的报道，据其中1922年2月4日"四明新闻"的《客岁各业盈余调查录（三）》可知，老商号新泰，其后的立生、南升、大淇春等盈利达两万元之多。北号会馆虽无新船商加盟，但隶属久安公所的乾一、福和、同兴等也获利万元以上，宁泰等则盈利五千至六千元。那些经营帆船航运相关商品交易的小货行咸遂濡泽，皆获利颇丰。

根据同书"木行"部分的内容可知，当时在宁波经营木材的是南号会馆。他们在福建福州收购木材，用船把木材沿海运至宁波。宁波参与木材生意的有仁和、广和、元大、恒大，均能收益数千元。另外，祥泰、元大两家本店设在上海，其宁波分店的收益在三千至

1 （清）段光清，《镜湖自撰年谱》，北京：中华书局，1997年。

四千元。

《客岁各业盈余调查录》里还有在各地收集药材，后通过海运进行运输的药材行业的记录。宁波药材批发商的经营范围遍及中国全境，他们从四川、广东以及中国药行代表所在的汉口等地采购药材，采购的药材不仅在浙江省内售卖，也通过海运销往东北地区。当时从事药材生意的规模相对较小的11家店铺——和源、万丰甡、慎余新、震泰慎、源兴祥、东升瑞、立盛、鼎新恒、盈泰新、裕源隆和阜丰成，均有两千至八千元收益。万成、德昌、实盛、荣昌四家药行收益更大，均有万元以上，而源茂、裕春、实和、元利、元成、恒茂六家也各获利两千至六千元不等。与药行有关的晋昌、天成等六家货行也有一千至四千元不等的收益。

《时事公报》1922年8月29日刊登的《南属海南之二艘出事商船》报道了金万利和金顺益两船遭遇海难的新闻。福建船主陈章道的金万利船装载着纸张、木材、煤炭等货物从福建福州出港前往山东途中，在宁波东南沿海的南田金漆门附近海面遭遇暴风，不幸遭难。另有宁波船商雇用的福建籍金顺益船，在从宁波装载绍兴酒、皮蛋、醋豆等货物前往福建泉州途中遭遇暴风，最终失事。

从这些记录可知，20世纪初，以宁波为中心的帆船海运仍如火如荼。

（2） 20世纪初期的宁波近海渔业

宁波的地理位置不仅适合海运，其附近海域的渔业资源也十分丰富。农历四月和五月，舟山群岛（包括定海县在内）进入捕鱼旺季，来自江苏和福建的渔船鳞集而来。如前文介绍的，各省渔船瞄准的猎物就是黄鱼，一种高级石首鱼[1]。

从《时事公报》1922年6月7日刊载的报道可知，20世纪初，黄鱼捕捞的盛况一如既往。甬江口到舟山列岛之间的海域拥有丰富的渔业资源。每到四月左右，来自各地超过千只的渔船聚集在定海的岱山和衢山二岛，渔民的人数更是多达万人以上。渔民捕捞石首鱼的渔期被称作“汛”，意为捕捞旺季。农历四月乃渔获的最佳时期，月初为“初汛”，中旬为“正汛”，下旬为“末汛”。从立春时节开始的100天至110余天是黄鱼的捕捞期。若一开始就能捕获黄鱼，则“渔花恒丰稔”；但若较晚捕获的话，渔期就会少于100天。浙江省有专门的捕鱼组织，分别是台州帮、象山帮、东湖帮、奉化的桐照及西凤帮、温州帮以及舟山群岛的本帮等，捕获的鱼会被运到杭州和上海等地。在海上捕获的鱼会被马上塞进冰里进行冰冻，这些船是冰鲜船，也叫“渔厂”。之后，由“渔行”处理捕捞上来的鱼。

《时事公报》1922年12月18日的《宁台温外海渔业谈》也记载了宁波、台州以及温州的渔业情况。根据报道，这些浙江东南沿海渔业的特点在于渔船种类多，有钓渔船、拉渔船、挑捕船、溜网船、张网船和对渔船等，而且根据捕捞鱼类不同，渔船种类也有所差异。捕获的鱼在冰船上即刻冰冻并装箱，旨在给鱼保鲜，对于极易腐坏的鱼类而言，这一步骤必不可少。浙江沿海有五六百艘冰船，这些冰船并不直接参与捕捞。由这些内容可知，浙江沿海可以捕捞的鱼类繁多，有黄鱼、鲞鱼、带鱼、虎头鱼、鳗鱼、鲨鱼等，且捕获量大。

如上，舟山群岛靠近宁波，其中心海域的渔业十分发达。

1 《宫中档乾隆朝奏折》第十四辑。

20世纪初的宁波海盗

上文说过，海盗频频袭击海上航行的船舶和渔船。日本称海盗为“海贼”，中文里则叫“海盗”。在此，我们先简单回顾一下海盗的历史。

中国史书里出现“海盗”一词始于东汉以后。东汉安帝永初三年（109年）秋七月，张伯路等众海盗攻占了沿海九郡。这也许是中国历史上关于海盗的最初的记录，而这与当时中国大陆沿海航海活动十分活跃有关。

唐长庆元年（821年）三月，平卢节度使薛平向朝廷谏言，希望朝廷下令禁止海盗掳掠朝鲜半岛的新罗国人，并禁止他们将新罗国人贩卖到沿海各郡县。由此可见，海盗掠夺甚至涉及人口贩卖。天宝七载[1]（748年）十二月，在前往日本途中的鉴真漂流到海南岛南部，偶遇海盗冯若芳。冯若芳通过袭击每年往来中国的波斯商船而积蓄了大量财宝。当时出入广州的有来自印度、波斯、马来半岛等的船只，可想而知，海盗一年中袭击两三艘船并非难事。

平定江南后不久，元朝政府便广开海运，令盘踞在长江河口崇明岛的张宣和朱清等人建造了60艘平底海船，以将江南的税粮运输至现在的天津，甚至通过运河运至北京。人们总认为蒙古族属游牧民族，不善海上活动。然而，蒙古族成功地把中国的海商和海盗收编至其麾下，进而利用这些海商和海盗增强了元日战争时期的海军力量。他们灵活利用航运相关人员，实施长江河口到北京之间的税粮运输，创造了历代王朝中前所未见的海运盛况。到了明代，倭寇频繁袭击沿海地区，明朝政府饱受困扰。

1　自天宝三年正月朔日起，年次纪年改年为载。

蔡牵是清代有名的海盗，嘉庆年间，他在中国沿海地区到处劫掠财物，闹得鸡犬不宁。他的手下称他为“大出海”。从嘉庆五年（1800年）到十年（1805年）的五年间，在浙江、福建、广东、台湾相连接的海域里，蔡牵率领30至70余只船组成的船队在海上大肆掳掠。嘉庆十一年（1806年），他自封“镇海王”，意图建立海上帝国。蔡牵向海船船主们兜售通行证，许诺保障船只航行安全，以此作为他财源的一部分。过去的海盗袭击商船只率数艘小船，但到了清代后期，海盗开始用数艘大船组成船队袭击商船，逐渐形成了有组织的集团。

浙江与宁波沿海是中国大陆沿海中枢地区，常有海盗出没。史书记载，唐代以后，海盗愈发猖獗。据《新唐书》卷五记载，天宝二年（743年）十二月壬午，“海贼吴令光寇永嘉郡”。吴令光在天宝二年末至天宝三年二月，袭击了现浙江省东北沿海宁波市到温州附近的地区。最终，他在永嘉郡被消灭。永嘉郡位于今温州附近，由此可以确定，海盗吴令光曾盘踞在温州附近海域。

象山县位于今浙江省宁波市东南边，东临东海，海湾错综复杂，海盗贺文达、顾润等曾盘踞此地。至元十六年（1279年），贺文达被元朝的合剌带招降，他持有的60余艘船也归了元朝。征服南宋不久后的至元十八年（1281年），元朝开始“东征日本”，弘安之役（即第二次元日战争）一触即发。江南地区的海盗团队极有可能作为东征军加入了海军，贺文达的船队自然也不例外。至元二十年（1283年）十一月，总管陈义自愿向元朝提供自己的30艘海船，故被授予万户之位。陈义曾是海盗，人称“五虎陈”[1]，据说他与浙江颇有渊源。至

1 据康熙年间《澄海县志》记载：陈懿，海阳人，与弟义、昱、勇、忠，皆以力雄于乡，谓之“五虎”。因此“五虎”应是陈氏兄弟五人的总称。陈氏兄弟于至元十四年（1277年）投降元朝，此处的陈义是陈懿的弟弟，降元后被任命为临江路总管。——编者注

正八年（1348年），在海上为害四方的蔡乱头被捕获。蔡乱头与长期侵扰浙江沿海的方国珍之间也有联系。方国珍与其兄方国璋、其弟方国瑛和方国珉一同纠集数千民众出海打劫。元朝政府对其进行讨伐之际，方国珍发动叛乱并占领温州。元朝本想通过赐官招降方国珍，他却再度发动叛变，并在元末控制了庆元（宁波）、温州、台州等从今江苏省南部沿海至浙江省沿海的地区，成为海上的一方霸主。

根据以上史料可知，浙江与宁波沿海自古便有海盗出没，且这一情况持续到了1920年代初期。因此，我们将以1920年6月1日创刊于宁波的《时事公报》有关记录为素材，了解一下以宁波为中心的近海状况。[1] 1920年6月至1923年5月的约三年间，《时事公报》刊登有关浙江近海海盗的报道主要是商船和渔船遇袭。

（1） 袭击商船的海盗船

据《时事公报》1920年6月22日的报道，宁波商船金源泰遭受海盗船袭击，盛升甫向政府递诉了受害情况。据7月12日的新闻报道，从福州装载物资出发的船舶中有多数在行至台州近海时遭到海盗袭击。据9月18日的新闻，从福建运送木材到上海的商船金森昌号，以及从上海开往福建的金恒来、金吉和两船均遭海盗袭击。11月25日刊出的《闽海商剿盗之主张》一文中提到，闽商渔业公所控诉在浙江沿海受害，向政府请愿出兵清剿海盗。

1921年4月4日的《木船被劫》一文报道称，宁波新顺泰号从福建运输木材回程，途中遭遇五艘海盗船伏击。宁波商船被误认为海盗船的情况也有见报。

《时事公报》1922年6月18日的《航海商船苦盗多》中提到，宁

1 本节中引用的《时事公报》使用了宁波大学专门史研究所所有的誊本。

波籍搬运船——钓船金骏康、金震丰二船运输泥沙去往上海，从上海河口附近吴淞口处返回时，在长江口以南到舟山群岛北海域中的大戢洋上遭到海盗船袭击。另据报道，还有一艘镇海南船从福建运输纸类返回甬江时，突遭两艘海盗船攻击。

根据1922年10月26日的报道，金宝康和永胜利两船从福建运送竹笋、纸等货物前往浙江乍浦，在台州脚桶洋地区避风停泊时，时至深夜，突遭七艘海盗船攻击威吓，船员一同奋力反击，终得逃脱。同日，另有金裕顺、新泉兴、金发兴、吴德胜、金源发等五艘船，因害怕从福建出发后在航行中遭海盗袭击，便在军舰护卫下逃险避难。该文中还提及，海盗袭击了严骏隆的木船，抢走食物和衣服等物品，还将21名船员掳为人质。此外，运送生猪的金顺兴船、周源顺船以及金宝兴船等十余艘船无一幸免，同遭损失。胡源盛牛骨船在铜沙洋面发现远方有数只海盗船尾随，幸得逃脱。另有金顺康钓船运送纸张等货物从温州出发时，也遭到海盗船袭击，有幸逃脱。运送官盐的官盐船金震丰船等四船从浏河口空船返回浙江时，也在距离吴淞口百余里的海上遭遇海盗船。金祥丰、金长源、金万兴、金恒源、金财源等钓船从宁波运送生猪到上海后，空船回程自吴淞口出发，途经鸭窝沙洋上时遭海盗船尾随，幸好是空船，躲过一劫。

据1922年11月17日的报道，宁波钓船金祥春在吴淞口外70至80里处的铜沙洋上受到海盗船袭击，被掳走了船员和货物。象山县船户王阿福的金利顺船运输沙石到上海时，在大赤洋上遭遇大风锚泊，被海盗船袭击。岱山船户杨阿宝从苏五属盐厂[1]运送毛盐960包前往江

1 “盐厂”即制盐厂和盐场之意。——原注

“苏五属”指自清代后期开始浙江产盐的主要销售市场——苏州、松江、太仓、常州、镇江。此处的“盐厂”应更多是盐业市场之意。——编者注

苏省浏河盐栈，在上海突遇海盗船袭击，被抢去船上的衣服等物什。余姚船户顺泰也是在从苏五属盐厂运载1200包毛盐的途中，在白洋洋上遇袭。

1922年12月2日的新闻称，江北张王港的沙船金长茂在江北装载145头活猪、40石黄豆、70余包花生，从吴淞口出发。该船计划前往宁波销售，在江苏省与浙江省交界处的海上遭海盗船袭击。

1922年12月26日的新闻称，象山和宁海两县商船在金塘洋上饱受海盗之苦，商人丁宗虔和史智美等购入护卫船监护巡视。

1923年5月25日的新闻称，浙江钓船金庆赉运沙石至上海销售，行经江浙交界渔山附近突遇数艘海盗船拦住去路，人船一并遭劫，船主庄连生和船员沈理荪被掳[1]。

以上报道的一个共同点就是，浙江宁波近海海盗船袭击事件频发。

（2） 袭击渔船的海盗船

海盗船袭击的不仅是装着货物的商船，连结束捕捞的渔船也不能幸免。

《时事公报》1920年7月11日刊登的《枪毙海盗之布告》中报告了定海岛屿地区的渔民遭受海盗袭击的受害事件。1920年7月12日《海盗先劫盗船之骇闻》中提到，正在定海近海作业的渔船被海盗船袭击。海盗中有操“台音”者，即浙江中部沿海台州地区方言。一些渔民甚至遭到海盗绑架。1920年9月2日《浙洋巨盗已捕获》一文中提到，定海衢山、岱山等海域有海盗船出没，袭击渔船。报道称这些

1　据核，该报道出自1923年5月25日的《申报》。此处的船主庄连生和船员沈理荪来自另一艘遭遇海盗的泥沙船。——译者注

海盗中有操“湘音”者，应为湖南人。

1921年4月10日《水陆盗警多》一文称，镇海渔船在普陀山近海遭到海盗船袭击，所载渔获及衣物均被掠走。1922年1月20日《水警缉获盗船请奖》中记录了渔船在浙东近海遇袭一事，据悉海盗似乎来自台州，已南逃。

再则，1922年7月18日的新闻称，定海岱山渔民徐隆虎等人驾驶金顺有船在沥港洋上作业时遭遇数只海盗船。渔船见状纷纷逃离，唯独金顺有船遭海盗彻夜尾随，逃了七八百里之后，在穿过大戢洋到达江苏省金山县近海汇角嘴附近遭海盗船炮击，船员钟渭德被击中头部死亡，船主徐隆虎等三人遭枪杀。

1922年8月23日的新闻称，定海县渔民在作业时遭海盗船袭击。海盗抢劫渔船物什，还掳走两名船员。据称，这些海盗操着台州方言。1922年11月17日的新闻报道了定海沈家门三艘渔船在九山洋上遭袭事件。

以上报道清晰表明，渔船和商船同为海盗船袭击的目标。

（3） 海盗船的袭击方式和所致损失

那么，海盗船是如何袭击商船和渔船的？

《时事公报》1920年7月11日《枪毙海盗之布告》中报道，被逮捕的海盗持有多种武器，如有“土枪两支、马刀三把、三尖刀两把、子弹八粒、弹壳四个”，海盗使用这些武器进行袭击。

海盗袭击民船时，多借南风出现在江苏东南部奉贤县和南汇县沿海海域。这一海域是民船必经之地，海盗船最宜在此发动袭击。民船所载货物不同，海盗的行动也因之不同。若是泥沙、柴、煤炭等低价值的物品，便放行；若是粮食等有价值的货物，便攻击。在象山县爵溪地区，海盗还会上岸袭击人家，抢夺钱财。

定海岱山渔民徐隆虎船遭遇海盗船追击，即使逃出七百余里后仍被纠缠不休，终遭炮击，船员被击中，出现伤亡。像这样的情况，商船和渔船很难轻易逃脱海盗船的追逼。

在宁波、台州、温州管辖的海域上，海盗船尤在冬季出没频繁，他们横行霸道，屡屡袭击商船。根据宁波航业工会的调查，这些海盗的巢穴大致位于台州湾上的台州列岛岛群。南至福建东北端的沙埕，北到长江口吴淞口外的海域遍布海盗，民船没有一日不受其侵扰。据说商船蒙受的损失不下十万金，受害者多达60余人。

这一时期的海盗不仅袭击船只，还侵扰沿海居民。他们远距离追击商船和渔船，甚至用火器发动攻击，令人胆寒。

宁波近海海盗

根据宁波发行的《时事公报》1920年6月至1923年5月约三年间关于海盗的报道可知，海盗及海盗船袭击的对象既有商船，又有渔船。

在浙江东部沿海遭袭的商船多往来于福建和上海之间，主要装载木材和各种物资。这些商船之中尤以从福建运送木材到浙江或上海的船居多，其中往来于闽浙两省间的物流船，更是海盗们眼中的“大鱼”。

海盗劫掠渔船之事也频频发生。包含定海在内的舟山群岛位于宁波以北的东北部近海，那里是众多鱼类栖息的优良海域。海盗们正是盯上了在该海域作业的渔船之渔获。

已知这些海盗里有操着“台音”，即浙江中部沿海台州地区方言的人，由此可以推断这一时期来自浙江沿海的海盗比重较大。除了

"台音"，也有报道称海盗里有操"湘音"者，即来自远离浙江的内陆湖南省的人。有趣的是，与海盗几乎由沿海地区人组成的明清时代不同，近代的海盗团体当中也有来自遥远内陆的一部分流动人口。另外，近代的海盗不仅袭击海上航行的船舶，还会袭击沿海一带的富裕人家，可见海盗活动的形态呈多样化。

在浙江沿海，南从毗邻浙江的福建东北端沙埕，北至长江入海口吴淞口，海盗船无处不在，商船日日遭受海盗侵害，损失多在十万金之上。海盗袭击的目标是民间商船上的货物。为了保证航行安全，有些船会特意用泥沙、柴和煤炭"打掩护"。这些船往往被海盗认为没有掠夺的价值而放过，他们主要袭击的是那些装运粮食与木材等价值高的货物的商船以及满载而归的渔船。

辛亥革命翌年，1912年1月1日，以孙文为临时大总统的中华民国成立。但随着袁世凯等反革命势力的抬头，中国内部的政治局势相比清朝时更加风雨飘摇。1916年袁世凯死后，以段祺瑞为首的军阀政权互相争霸，导致各地政治势力彼此对立。非但国内政局不安，就连沿海治安也不稳定，因疏于海上巡视，海盗频频侵扰，商船屡屡遭袭。直到强有力的统一政权——中华人民共和国成立前，镇压海盗并非易事。

（松浦章）

第Ⅱ部分

漫步体验：浙江的生活文化

第三章　探访茶的故乡——民族植物学家浙江行

第一节　以茶观中日

茶为何物?

茶，根植于日常生活之中，在日本人的饮食里不可或缺。本章将探索茶的起源。

严格来说，在民族植物学这一学术领域中，茶作为饮料的定义是：用热水等冲泡植物的一部分，饮用其中一些成分及至植物本身的饮料，即为茶。

人类为了生存必须摄入水分，各地的水质各异，滋味也各异。饮用生水或有损健康，因此，人们饮用家畜的奶和水果的汁水等，甚至饮用白酒和红酒等酒精类饮品来补给所需水分。然而，最安全的还是用沸水冲泡的不含酒精的茶。全世界的植物饮品种类繁多，具有代表性的饮品有茶、咖啡、马黛茶[1]、白千层[2]等等，而其中都含有咖啡因。咖啡因具有消除疲劳、舒缓情绪的作用，故人们逐渐开始饮用含咖啡因的饮品。

在日本，最为常见的是“煎茶”。“煎茶”使用的是初春的茶树新芽，用蒸汽蒸制后，揉捻茶叶并干燥而成。制茶的农家会因地制宜挑选培育合适的品种，因而地方不同，茶叶品种也不尽相同。据说现在日本登记在册的被命名品种约有一百种。此外，各地方试验场以及农户们申请且已备案的品种也不少，估计有三百余种，而日本国内茶组系统（通过品种命名前的各种特征进行区分）则比这些品种还要多出数十倍。中、韩等邻国也发现了茶的许多品种和家系，但在性状上与日本的品种有所不同。日本常见的个体性状是，雌蕊花柱短且柱头开裂深，花形呈平缓弯曲状。与之相反，中国常见的个体则以雌蕊花柱长于雄蕊且柱头九十度弯曲的性状居多。

日本是否自古以来就有饮茶的习惯？对于这一问题，下节将展开探究。

日本茶史

《古事记》、《日本书纪》和《万叶集》中使用的古日语（大和语言）里，没有发现“茶”这个词。

在日本，饮茶进入庶民生活是在安土桃山时代到江户时代期间。室町时代，茶树从中国本土传入日本，极大地促进了日本各地茶叶产

1　原产于南美洲。马黛树是一种多年生木本植物，其树叶可用于冲泡饮品。阿根廷将马黛茶视为“国饮”。——编者注

2　英文名为paper-bark tree或cajuput tree，分布在越南、马来西亚至澳大利亚北部。这是一种常绿乔木，树皮像纸一样可层层剥落，叶片可用来泡水喝，也可提炼精油。——编者注

地的形成，绿茶的饮用得以普及。宋时传来的绿茶饮法，是把茶叶磨成粉并溶于热水中的“抹茶”。之后，“煎茶”（中国叫泡茶）传来，将茶叶揉捻后干燥，再以热水冲泡饮用。自此，构建了日本茗饮文化的根基。“茶色”这一形容色彩的词诞生于江户时代早期，或者更早的安土桃山时代。可以认为在这之前，茶还未沁入人们的日常生活。

在茶叶传入日本的过程中，佛教僧侣发挥了巨大作用。佛教因镇护国家、救济众生而在中国受到当权者和普罗大众的信奉，日本亦然。早期的中国佛教里，僧侣要冥想或隐居山中修行，抄写经书也是其修行的一部分，除此之外还要坐禅。佛教传到日本之初也像所谓的山岳佛教一样，僧侣们多隐居山中。达摩祖师与茶的轶事为我们揭开了佛教和茶之间的密切关系。修行中的达摩祖师常常为睡魔侵扰而苦恼，他认为困意源于自己的眼睛，于是就挖去双目扔到了院子里。[1]坐禅修行始于达摩祖师，他不眠不休、持续修行，终成正果。传说被达摩祖师扔到院子里的眼睛化为了树，即茶树。这就是茶树别名“醒目草”（目覚まし草，日语中茶的别称）的由来。茶叶中富含咖啡因，能提神醒脑，还富含多酚成分，可谓健康饮品。对于久居寺庙修行的僧人来说，茶饮极其重要。之后，饮茶的习惯逐渐由寺庙扩展至宫廷贵族，于是便有了上贡皇帝的御茶园。到了唐代，饮茶之习终于定型。当时，在都城周围有许多茶叶产地，其中又建起许多寺院。各个寺院都有巨大的茶园，皆产名茶。这一时期，随遣唐使等前去中国修行的僧人们在返乡时带回了茶苗和茶器等，茶由此传入日本。唐宋时期，中国的都城逐步南移。宋代，尤其是南宋时期，茶饮形式飞速发展，长江下游成为文化中心，杭州（临安）和宁波（明州）港便成了

1 一说是因为眼皮沉重，昏昏欲睡，达摩祖师撕去了眼皮扔到院子里。——编者注

对日交流的窗口。

对于日本的绿茶文化而言，中国宋代是一个极其重要的历史时期。因为在这一时期，茶文化正式进入日本，从而奠定了当今日本绿茶文化的基础。彼时日本正处在从镰仓到室町时代、政治实权开始从贵族阶层转向武士阶层的时期，社会价值观产生了巨大变化。据《延喜式》[1]等文献记载，茶在奈良至平安时代传入日本，且多在宫廷和寺院中饮用。那时，茶只限于一味模仿中国文化的小部分特权阶级享用，与普通民众的日常生活全然无缘。日本僧人结束佛教修行回国时，带回了中国常用的食材和食品加工技术，其中就包括豆腐、纳豆、味噌、馒头和茶等。这些都是寺院生活里常常接触的食物。如此与生活息息相关的风俗习惯和物品，实则都是经由这条海路传过来的。在茶的世界里，人们一致认为在这段时期里传到日本的茶粉饮法，即抹茶文化，后世仅留存于日本，这在茶文化研究方面极具价值。后来，日本的茶叶制法也得到改善，发展成为日本独特的绿茶（蒸制煎茶）。

杭州到宁波之间，聚集了许多有名的寺庙，日本的名僧必会在这些地方修行。如有名的日本茶祖荣西[2]，就曾在位于宁波南面的天台山万年寺和天童山景德禅寺修行。而把茶带到静冈的圆尔[3]（圣一国师）则曾在杭州郊外的径山万寿寺和宁波天童山修行。根据记载，从唐代就已闻名遐迩的寺院还有嘉祥寺、云门寺、大善寺等。宋都临安

1　平安时代的法典。延喜五年（905年），藤原忠平等人奉醍醐天皇之命编纂，于延长五年（927年）完成。

2　1141—1215年，开创日本临济宗的祖师。他两度入宋，将茶种带到了日本，因此也被称为日本茶祖。——编者注

3　代表静冈的镰仓时代名僧。自中国宋朝归日之后致力于临济宗的发展。因带来了茶，被称为静冈茶的始祖。

东临杭州湾，而宁波又是对外贸易基地，两地都很繁荣。因此，杭甬两地建造了诸多寺院，既是人们生活的精神依靠，也是大批修行僧生活的地方。在这个地带腹地的山丘上，许多天台宗和禅宗的寺院不断建成。作为亚洲文化和物流的中转地，这里呈现出一派欣欣向荣的景象。

第二节　寻访日本绿茶之源

旅程伊始

言归正传，室町时代，抑或是更早之前，日本绿茶源头的茶树和树种究竟来自中国何地？为解开这个谜题，笔者曾多次前往中国调查茶树，结果在钱塘江河口的杭州和宁波一带发现了与日本代表性茶树最为相似的野生茶。通过多次基础预备实验，将提取出的遗传样式所具明确特征作为指示性状（标记性特征），并对照实地调查的结果与日本的调查资料，加以最新的基因分析，即DNA分析，证实了这一点。

调查当初，中国还不允许活体茶树和茶叶等出境，因此，调查中对比观察外部形态特征，包括开花时花心的雌蕊长度、柱头弯曲度、柱头开裂的深浅等等，至关重要。我们还对在日本已有研究的Kôro基因（コーロ遺伝子），即生成大型叶子的基因分布进行了调查。Kôro基因是一种隐性基因，日本茶的代表品种“薮北”（Yabukita）就因带有隐性基因而闻名。与良性基因结合时，隐性基因仍为隐性，不影响外观；如果因为某种原因，具有这种相同组合的基因进行交配，两个隐性基因一结合，其性状特征就会在外部形态上表现出来。

那时，茶叶的叶子会变圆变大且褶皱明显，一目了然。如与“薮北”交配后，在其后代中能发现具备这些特征的个体，便可证明该茶树（包括品种和系统）含有Kôro基因。

我们从日本农林水产省保存的茶树基因资源中，选取来源于中国的二百余种系统与“薮北”进行杂交之后，发现仅有一种系统带有Kôro基因，那正是从杭州和宁波一带引入的系统。得知这些后，我们便决定实际调查Kôro型茶树在中国国内的分布。

在茶的育种里，重要的是在对日本各地野生的本土茶群和收集自海外的群系的比较中寻找育种素材（即改良品种的材料）。关于茶的主要成分含量，我们已经积累了大量数据（图27）。

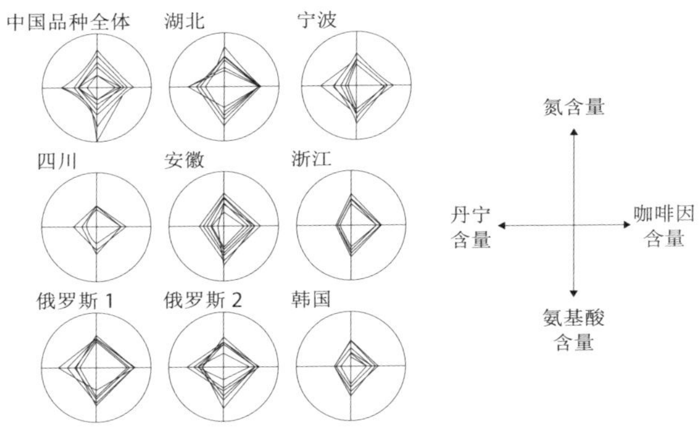

图27　日本本土茶家系的成分分析比较

RAPD分析，是对收集的育种素材进行最简单的分子遗传学比较的分析方法。简而言之，RAPD分析的结果表明，越是亚洲以南，茶的种类就越丰富。可以认为，日本茶就是从存在多种DNA序列的地区中引入的仅含有一小部分序列的少数群组。此外，我们还在中国中部（华中）一带发现了与日本茶相同的DNA序列。

日本绿茶的两个群组

通过前面提及的分析方法可知，日本绿茶的品种分为“薮北”种和“朝露”种。然而，对在中国收集到的品种归属进行分析后的结果却令人意外。我们发现，其中既有不具备任一品种标记的系统，也有兼具两类种群标记的系统。这表明，中国茶种的DNA序列中隐含的变异远多于日本。因此，我们又进一步分析了从以韩国为首的亚洲多个地区收集来的系统，以及日本本土系统。结果显示，杭州周边地区高频度保留了所有DNA变异，所以，目前可以将杭州周边看作日本绿茶的故乡。

如此，关于日本茶文化以及茶遗传资源的研究，都指向了中国杭州一带。与茶密不可分的佛教文化，在杭州和宁波一带也曾颇为隆盛。因此，我们必须实地调查，以期发现有关日本绿茶根源的线索。

圆满举办的中日茶饮大会

2008年秋，我们在杭州开展了与中国农业科学院茶叶研究所的合作，中日两国的学者汇聚一堂对茶进行试饮后，得出了许多有趣的结论。不同时代，茶的制法也不同，且中日两国之间同样存在差异（对此，后续将作详细说明）。简单来说，唐代的人们将制成饼状的茶细细碾碎，之后注入热水饮用。其后的宋代不再制成饼状，而是将蒸过的茶叶直接干燥，再碾成齑粉，注入热水搅拌饮用。这与日本抹茶的饮用方法同出一辙。如是，到宋代为止的中国茶饮都是连茶叶全部喝掉的。但到了明代，饮茶的形式发生了变化，先揉捻茶叶，再干燥，最后注入沸水浸泡茶叶，只饮茶汤。这也是日本常见的煎茶饮法。这一时期的日本，是用蒸汽蒸制新茶，或用开水煮过之后再进行揉制；而在中国，则是在大铁锅里边炒边揉，使其干燥而制茶，这便是炒茶。我关注的是，制作方法和饮用方法不断演变，茶树品种是否也有发生变化？我以为，制法不同，喝法有异，与之相应的，茶的品种及种植方法等势必也会有所改变。鉴于此，我们策划了本次实验性的试饮会。日本方面有6名学者及相关人员参加。试饮会的举办地点在以观光闻名的浙江省省会杭州西湖湖畔的政要接待首选茶楼——湖畔居。

日本方面的6人中有育种相关人员、茶文化学者、茶器（陶器）学者以及3位茶道师范（日本茶道流派中的茶艺师等级）。中国方面有茶育种学者、中国茶艺大师及其3名弟子，还有6位中国饮食文化学者。会上首先举行了唐代茶艺的现场演示及讲座，之后又举行了评审会，评审会以抹茶形式品鉴了使用唐宋时期不同方法（固型茶和散茶）制作的几种茶。品茗观西湖，风雅好趣味。

汇总点评时，中国方面与日本方面均对各自本土的绿茶给予了高度评价。唯一例外的是，以采集自唐代名茶产地日铸岭（浙江绍兴市郊外）的茶种为原料，并以散茶制法（蒸制并干燥后直接磨成粉）制成的茶获得了双方评委的一致好评。唐代的名茶产地历经宋明两代仍兴盛不衰，要得益于其得天独厚的优质系统。这一名茶产地形成于中式绿茶和日式绿茶的制作方法有所区分之前，因此两国专家给予产自该地的遗传资源系统以高度赞许，意义重大。无论香气还是味道，该系统与日式绿茶极为契合，今后必会在日本大受欢迎。

雌蕊的形态

除基因分析和试饮会以外，在调查中对比观察茶之“形”也很重要。通过组合雌蕊柱头是否长于雄蕊、柱头是否弯曲以及柱头分裂深浅这三大要素，茶树的花器性状可分为12个类型。日本本土茶树中，雌蕊短、柱头不弯曲的类型占优势（即生态优势）；而在中国的茶树系统里，占优势的则是雌蕊长且柱头弯曲的类型。由此可知，两国茶树系统各自进化、互不干扰。有的学者认为，日本本土的茶树系统是在日本分化的野生品种，并根据雌蕊长度区别“中国种”和“日本种”。此次实地调查中，我们却在杭州市郊外径山寺附近的茶园里发现了茶花雌蕊短且柱头分裂深的个体；另外，在始于唐代的名茶产地日铸寺的茶园里同样发现了花朵雌蕊短的个体（图28）。

我们在调查了中国农业科学院茶叶研究所的国家茶树种质资源圃中保存的系统之后，还发现并确认了带有同类型雌蕊的遗传资源系统和品种。由此可以认为，在古代，从中国引入茶的时候，只携带了极

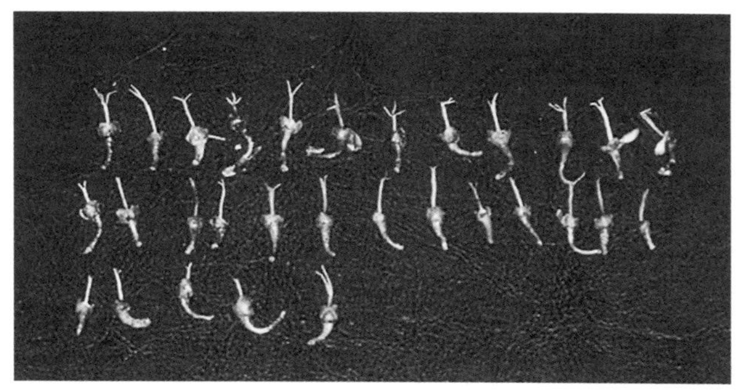

图28 中国茶花的花柱形态变异

少量的种子或者茶株，从而导致了“瓶首效果”[1]，使得日本本土茶的基因频率偏向带有短雌蕊的个体。韩国与中国之间的交流更方便，其本土茶种里带有长雌蕊的个体占优势。这是因为在引入之际，更多的种子或茶株流入韩国，所以没有产生基因频率的偏向性。不论如何，

1 生物学用语，指“群系中的个体数量大幅减少，特定基因型的个体显著增加，导致基因型的结构产生某种偏向的现象”。

古代与日本交流频繁的浙江一带的确存在具备日本本土茶那独特花器形态的野生个体，这一点确切无误。

再则，花的雌蕊形态调查的结果表明，京都的宇治、静冈的足久保、佐贺的脊振山等古代产地的茶，其中长度超过雄蕊的长雌蕊占优势，且与中国中部及中南部的茶之间类缘性极高。日本其他地区的本土茶中，长度短于雄蕊的雌蕊占优势，这一性状在中国中南部的茶中也有所发现。韩国的野生茶类似于日本古产地的茶，雌蕊长于雄蕊的性状频率更高。

中国国内调查

中国是茶文化的中心，禁止茶树活株出境，即使是一片茶叶也不易带出。但是，笔者通过长期努力，终于取得中国方面相关人员的理解，能够开展实地的茶园调查及材料交换等工作。中国国土辽阔，为提高实地调查的效率，我们决定以遗传样式的显著性状为对象，主要采取从表型推测特定基因频率的手法进行调查，简而言之，就是从表征推测内容的方法。正如前述，我们在预备实验中对至今未被视为育种目标，但在茶的进化当中极为重要的雌蕊性状做了调查。与此同时，我们对形态特异的叶子也进行了Kôro基因调查。结果显示，它们的性状都与日本绿茶品种之首“薮北”的特性有关。“薮北”的特征是隐性性状——短雌蕊，而中国茶种里占优势的特征是长雌蕊。此外，前面也有所提及，Kôro基因是隐性，即未显现出来的性质，而当两个隐性基因结合时，会出现异常大且叶脉明显凹陷、乍一看凹凸不平的畸形叶子，甚至不再开花。Kôro型茶树没有种子，其基因无法代代相传。日本茶树中带有隐性Kôro基因的个体十分少见，以尖子品种闻名的“薮北”就是其一。“薮北”是用静冈本土茶培育出来的品种，通过调查其Kôro基因的分布状况，可以窥探部分日本本土茶群的起源。

据此，我们决定对一部分材料进行新鲜叶子采样，对于其他材料则以雌蕊的性状调查和以Kôro型个体的探索为中心，开展实地调查。

根据迄今为止的交配实验结果得知，中国的系统当中，带有Kôro基因的仅有来自宁波西侧会稽山麓平水地区（绍兴市郊外）的系统。此外，通过调查中国农业科学院茶叶研究所国家茶树种质资源圃中的全部系统发现，长江中游的九曲茶就是Kôro型个体。从其他文献资料中可知，湖州顾渚山的茶树叶片较大，可能也是Kôro型个体。

在中国本土之外的调查中，我们采集了印度大吉岭和韩国晋州的Kôro型个体。通过详细调查后发现，19世纪，大吉岭地区为建造茶园从中国本土引入了茶种，可视中国为其起源。韩国晋州亦然，过去为建造茶园而从日本静冈县引入种子，因此该地的茶叶起源于日本，其茶树品种也和“薮北”一样，属静冈本土系统。

基于以上结果，我们实地调查的对象定在了长江流域的杭州与宁波之间那些古名茶产地的茶园。2007年12月、2008年1月和10月、2009年7月，我们分别在平水与杭州、顾渚山与杭州，以及宁波与田螺山开展了实地调查。

关于日本绿茶的起源，我们以体现遗传样式的雌蕊形态为对象，对距离宋代中日贸易港口宁波较近、传承自宋代的茶叶产地——日铸岭中保留至今的茶园进行了调查。雌蕊性状的区分参照了以前的报告。此外，作为参考，我们还对中国农业科学院茶叶研究所国家茶树种质资源圃里收集的来自宋代著名产地的系统进行了调查，结果如下。

日铸岭周边的茶树树叶相对较小，雌蕊长且长于雄蕊的类型占优势，与之前在杭州龙井的调查结果不同，与日本系统类似、雌蕊短于雄蕊的类型占比很低。

还有重要的一点需要补充，即在前文中介绍的试饮会上受到两国学者高度评价的遗传资源系统产地不远处，不仅是带有Kôro基因的系统收集的产地，在那里还发现了Kôro个体（图29）。此外，会上还评鉴了长江中游地区的Kôro个体候补品种，该品种被认为是宁波本土系统的芽条变异。至此，所有Kôro个体都是在宁波周边的丘陵地带发现的。更加耐人寻味的是，在距此不远的河姆渡文化圈[1]里的田螺山遗址，从六千年前的地层里发掘出了大量碳化了的根株，那根株极似茶树。

图29　含有Kôro基因的个体

图30　田螺山遗址中出土的山茶属植物的残体

1　中国杭州湾南岸存在的公元前5000年至前3300年之间的新石器时代文化。以最古老的水稻栽培遗迹而闻名。

发掘出的根株，其根部尖端有明显的瘤状物（图30），说明其根部尖端生长在一个异常环境中，如坚硬的岩盖或水分高的地层等，导致生长迟缓、养分过度积累，最终变成畸形。这个村落是因气候变化导致的海侵而被废弃的农耕村落，因此这种畸形可以看作当时地下水位上升所致。而今，人们正在尝试通过DNA鉴定来判明它是否为真正的茶——*Camellia sinensis* var. *sinensis*（中国种）。

茶和茶文化等都具备联结中日两国的特征，它们都集中在浙江海岸附近到其腹地的丘陵地带。日铸寺所在的绍兴一带也有许多可以发掘之处。随着两国研究资源的交流日益频繁，相信我们一定会发现更加优质的茶遗传资源，在此基础上，一定会有新的茶品出现。世间众人，饮茶一杯，清香四溢，暖意融融。我们衷心期待茶香持续，浸润得更深、更久！

（山口聪）

第四章　探访浙东传统戏剧——宁波的传统艺术

第一节　寻找南戏

在宋代，浙江东部特别是温州地区诞生了代表中国南方戏种的“南戏”，温州作为南戏之乡而闻名。在元代，因北方的“北剧”（杂剧）的兴盛，南戏一度跌入低潮。元中期至明正德年间（1506—1521年），南戏复兴，创造出了最具代表性的四大南戏（荆、刘、拜、杀）[1]以及名作《琵琶记》。从明中期开始，南戏的音乐里出现了海盐腔[2]、余姚腔、弋阳腔等各个地方流派，其中出自江苏昆山的昆腔在明嘉靖年间（1522—1566年）至清乾隆年间（1736—1795年）迎来了黄金期。这期间，长达数十幕的长篇戏曲作品不断面世，明朝汤显祖[3]的名作《牡丹亭还魂记》[4]、清代的《长生殿》《桃花扇》等佳作接连登场。清

1　指《荆钗记》《刘知远白兔记》《拜月亭》《杀狗记》。——编者注

2　“腔”，意为“曲子和歌唱的曲调和唱腔”。

3　1550—1616年，明代文学家、剧作家。

4　全剧五十五幕。描写了杜丽娘和柳梦梅在梦中缔结婚约，最后在现实世界相恋的故事，是明代戏剧的最高杰作。

中期以后，由于陕西、湖北、安徽等地的地方戏（花部）不断兴盛，加上京剧的逐步发展，昆腔与弋阳腔日渐衰微。青木正儿[1]《中国近代戏曲史》以来的中国古典文学史和戏剧史研究，普遍认为多以昆腔演出的南戏作品在清末彻底衰落。

那么，南戏是否已在今天的中国大地上销声匿迹？对此，田仲一成[2]在《中国地方戏曲研究》中提到，南戏中也有社会上流阶层的文人南戏与底层民众的民间南戏之分。他指出，文人南戏在明代中期以精练的长篇戏曲“传奇”得以发展，而民间南戏则一直存在于民间。在该书中，田仲一成还通过剧本文本分析和实地调查的手法，对宋元南戏是如何经由中国东南沿海与福建流传到广东的问题进行了全面研究。该研究是基于全新视角的戏曲研究，批判了以往偏重“文人南戏=传奇”的中国戏曲研究。但遗憾的是，其中的浙江调查事例仅提到了新昌（目连戏[3]），而未提及宁波地方的戏曲。

于是，笔者聚焦宁波的地方戏，特别是现在仍有上演的“越剧”和“甬剧”等地方剧种以及位于宁波周边的“宁波走书”等说唱艺术，通过实地考察，确认这些剧种具体的演出环境，同时尽可能收集并解读剧本等文献资料，以期探明过去此地盛极一时的南戏的去向，以及宋元南戏和这些流传至今的戏曲与说唱艺术之间的关系。

此次调查时间有限，调查范围较大，难言充分和周全。但从21世纪初起，中国包含戏剧和说唱艺术在内的非物质文化遗产的生存环境变化很大，因此，笔者想以在农村地区演出的传统艺术的报告为中心进行论述，希望能为今后的调查、保护以及利用提供些许启示。

1 1887—1964年，日本著名汉学家，中国文学戏剧研究家。——编者注

2 1932年出生，中国戏剧研究者，东京大学名誉教授。——编者注

3 以“目连救母”为题材的祭祀艺术（祀神戏），在盂兰盆节（中元节）时上演。

第二节　传统艺术所处的环境

在中国大陆，从改革开放到21世纪初期的一段时间里，与农村祭祀礼俗紧密相关的古法戏曲和说唱艺术每况愈下，而关于这些戏曲和说唱艺术的信息也逐渐减少，能够入手的文献资料仅有当地学者关于本地的专题报告，或如《中国戏曲志》这样的概括性报告，可以说不具备资料研究的基本条件。虽如此，但近年来，我们确实能感受到一股巨大的变革声浪正在不断掀起。

变化之一是，随着21世纪以来中国经济的飞速发展，人们逐渐富有，在许多尊重传统文化的高龄人群庞大的地区，富裕人士出资积极组织表演戏曲与说唱艺术的情况逐渐增多。因此，改革开放后迫于独立核算之势终遭解散的原国营剧团和曲艺团成员以及民间爱好者们纷纷聘用艺员，组建民营剧团，演艺活动得以再度恢复活力。

变化之二是，人们逐渐认识到非物质文化遗产必须受到保护。这一思想转变的背景，是中国与联合国教科文组织的非物质文化遗产保护活动进行联动，推动了国家规模的对中国各地非物质文化遗产的发掘和整理。当然，针对各个戏剧类别的调查研究仍远远不够，但令人欣慰的是，通过地毯式调查，至少表面上广泛地收集到了各地的非物质文化遗产，并将这些信息通过出版物和网络等公开发布。特别是2008年发行的由宁波市文化广电新闻出版局主编的《甬上风物——宁波市非物质文化遗产田野调查》（宁波出版社出版），这份调查报告规模庞大，将宁波地区非物质文化遗产的普查成果进行整理并装订成册，详细记录了各种非物质文化遗产及其传承人的信息。我不禁想，如果该丛书在我们的宁波研究项目开始之前就完成，那我们的调查定会更加高效。总之，我们必须承认，社会的变化促使大众再一次关注到说唱艺术和戏曲等非物质文化遗产，极大地推动了传统文化的复兴。

了解传统文艺现状的路径之一，是参考中国文化部（现中华人民共和国文化和旅游部）在网上公开的“全国营业性演出单位和个人信息公示”。在2009年3月公示的团体当中，浙江全省共有230个，其中从名称推测为剧团的团体有173个。若将剧团所在地按11个地级市排列可知，绍兴有70个剧团，居首位，其余依次为宁波35个、丽水33个、金华21个、舟山8个、衢州4个、温州2个。根据这份资料显示，杭州、湖州、嘉兴、台州四地的剧团数量为零。实际上这些地方也有各种规模的剧团，这或是某些原因导致了统计疏漏。

图31整理了剧团表演中的各类剧种占比，尚有剧种不明的5个剧团未被纳入统计。据统计，相当于浙江剧团总数约三分之二的115个剧团都是越剧团。此外应该注意的是，金华地区地方戏之一婺剧的剧团竟然多达40个。

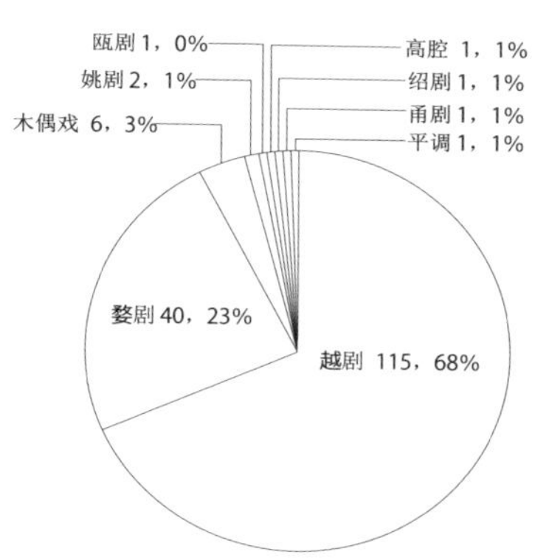

图31　浙江省的剧团（按剧种分类）

与同样诞生于绍兴的越剧不同，旧称“绍兴乱弹”并以豪爽的演技和激烈的演唱为长的绍剧只有一个剧团，宁波本土的甬剧也仅一个剧团。剧团数量如此之少，足见这两个剧种濒临危亡。

从统计结果可知，在浙江省提起戏曲，说的就是越剧。图32按所辖市整理了越剧团的所在地。依图可见，正和我们预想的一样，69个越剧团在越剧之乡绍兴[1]建有固定地点，占浙江省内越剧团的三分之二以上。不过，大多数剧团（62个）实际上都集中在嵊州。

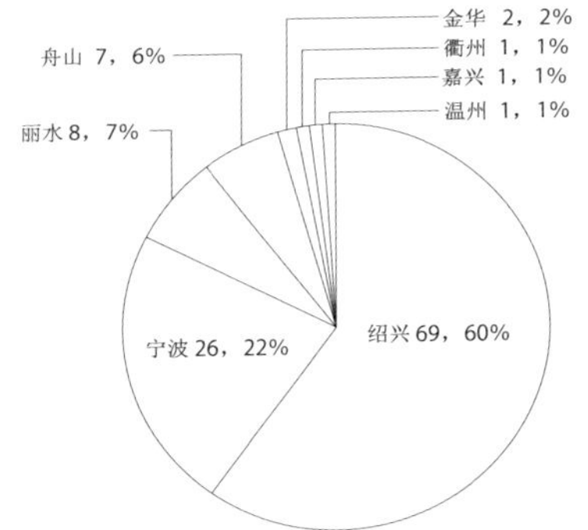

图32　各所辖市下的浙江省越剧团分布

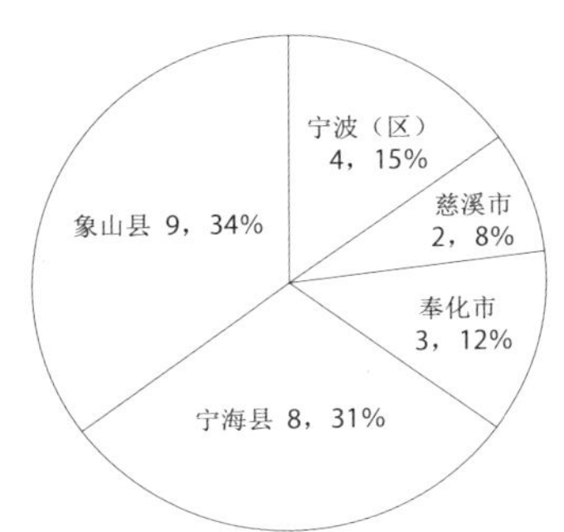

图33　宁波的越剧团（按所辖市县分类）

1　时为越城区、绍兴县、上虞市、诸暨市、嵊州市、新昌县。

那么，宁波地区现存越剧团的数量有多少？根据上述统计制成的图33可知，宁波地区[1]有26个剧团和团体登记在册。然而，笔者在2009年2月调查的象山晓塘越剧团等虽然具有相当规模，却未被记入该名单。可想而知，实际上还有更多不为人知的越剧团存在。另外，总计有50万人口的宁海县和象山县分别有八九个越剧团。与之相比，居住人口达200万人之多的宁波市区里竟只有4个越剧团，实在匪夷所思。对此，我将在下节进行讨论。

第三节 宁波与越剧

在看宁波地区的越剧之前，首先简单介绍一下越剧本身。

清朝同治年间（1862—1874年），浙江嵊县（今嵊州市）出现了一种朴素民间艺术“落地唱书”。“落地唱书”不久就发展为地方剧“小歌班”，并在绍兴、宁波一带颇为盛行。民国初期，以某戏班进入上海为契机，又改名为“绍兴文戏”且加入弦乐器等伴奏，面貌一新。民国十二年（1923年），嵊县首次诞生了由女演员组成的戏班，此后，诸如“绍兴女子文戏”的女子戏班如雨后春笋般陆续出现。女子戏班不断吸纳绍剧、京剧等曲目的同时，确立了以才子佳人剧[2]为主的优美表演风格。大约在民国二十七年（1938年），“绍兴文戏”再次改名为“越剧”，在上海颇有人气，与京剧旗鼓相当。而今，越剧已然成为中国南方的代表性剧种。

越剧本是发源于嵊州的绍兴地方戏曲。绍兴和宁波同属吴方言地

1 包括宁波下辖的六个区和奉化、慈溪、余姚、宁海、象山等所辖市县。

2 以才智出众的男性与出身非凡的美女作为主角的戏剧。

区，在上海的越剧公演多有宁波人参与，越剧在宁波一直以来就颇受欢迎。

得益于在上海取得的巨大发展，越剧作为都市剧种的印象愈发强烈，常被比喻为“中国的宝冢[1]”。近些年，我在宁波农村里看过的戏剧，除仅有的几例甬剧外，几乎都是越剧，可见越剧在当地魅力十足。

以下我将主要介绍在农村的调查情况。

宁波鄞州区塘溪镇黄岭村的越剧

2008年2月13日（初七）到15日（初九）的农历正月（春节）期间，在宁波郊外的鄞州区塘溪镇黄岭村黄岭文化中心举行了越剧表演（表3），属地象山县的象山万花越剧团受邀出演。

黄岭村里有一座庙，叫作裴公祠[2]。裴公祠在十年动乱中被毁，后来仅重建了庙体建筑，戏台依然残破不全。因此，越剧表演在附近相当于公民馆（类似中国的文化馆）的黄岭文化中心二楼开场。许多企业在浙江沿海发展并设厂，黄岭村也不例外。村里工厂鳞次栉比，工厂的经营者常常成为表演的赞助商。顺便一提，因为时值一年中市价最高的农历正月，所以三天的表演就花费了约2万4000元人民币。

越剧表演每天有两场，分别于下午1点和晚上开始。夜场的表演中，以武打为主的“武戏”或唱流行歌曲和清唱民谣为“加演”前戏，之后才会上演“正本”大戏。另外，除去“加演”，所有曲目都会通过设置在舞台两侧的特大LED字幕投影仪随演显示歌词。

1　宝冢歌剧团的俗称。1914年成立于兵库县宝冢市的全女性歌舞剧团，至今仍十分受欢迎。——编者注

2　裴公或者裴肃，生卒年份不详。隋代将军。

表3　宁波鄞州区塘溪镇黄岭村越剧曲目一览

日期	下午（日戏）	晚上（加演和正本）	出资人
2008年2月13日（农历初七）	《真假太子》1点—4点23分	加演《盗仙草》正本《望子成龙》6点—	不详
2008年2月14日（农历初八）	《春燕归》1点—4点	加演 清唱 正本《包公救凤莲》6点—	亚太公司D总经理
2008年2月15日（农历初九）	《双皇结亲》1点—3点55分	加演《龙宫借宝》正本《鸳鸯一带》6点—	亚太公司D总经理

象山县丹城镇祠山庙的越剧

2009年9月21日，象山万花越剧团（杭州天宏越剧团）在象山县丹城镇祠山庙（庄穆境村长寿路六弄）表演越剧。日戏曲目为《龙凤太子》（下午12点37分—3点55分），夜戏为《盗仙草》（加演，下午6点37分—6点56分）与《夜明珠》（正本，下午7点02分—9点21分）。

祠山庙位于姜毛庙以北700米左右的地方，主神祠山大帝是《三国演义》里的英雄刘备（传说其生辰为农历二月二十日）。祠山大帝的右侧有诸葛亮与财神陪祀，前面还有六大将。祠山大帝左侧是关羽和张飞像，前面有红娘与马大娘（农历八月初三生辰）两位女神。正殿背面的后殿中，供奉着大娘、二娘和三娘，皆为刘备的妻妾。所有神像都为新造。庙里还有一块牌匾，写着“祠山庙重建”“壬午年（2002）冬立”等字样。另外，从2002年的“兴建祠山庙历年义务助工碑”可知，祠山庙在本世纪里曾经历过一次大规模修建。

此次演出是C氏为求告子孙无病无灾而点的戏，不知这与公社祭祀活动有怎样的关系。在下午的表演中，最先上演的是祈福节目，叫作《群仙庆寿蟠桃会》（蟠桃八仙）的吉祥小戏。施主一家和演员们一同行礼祭拜祠山大帝与诸神后，又在舞台上向观众分发“发财糖”。

一连串的仪式结束，终于轮到当天的正本戏《龙凤太子》开演。我们并未看到原定于次日即9月22日下午开演的日戏《范仲华闹花堂》（正本）和《闯宫》（加演）。所谓“杭州天宏越剧团”，是万花越剧团在象山县内表演时使用的一个名字。

以上仅有两例，但从中仍能看出，当下越剧深受宁波农村居民的喜爱，经常表演。然而，剧团究竟是怎样的组织？主办方如何召集剧团并统筹公演？演出都有哪些剧目？关于这些，我们将在下一节见分晓。

第四节　越剧供需：剧团、主办方、剧目

关于宁波地区的越剧现状，我们将从提供戏剧与说唱艺术等表演服务的剧团、享受表演的主办方以及观众三方面进行简单的梳理。

首先，说到越剧团，其设备与运营的现代化和商业化尤其值得一提。越剧的表演场地多为古庙或老戏台，但象山万花越剧团和象山晓塘越剧团还配备了LED字幕投影仪以及灯光、麦克风、扩音器等舞台设备。除此之外，越剧表演中的每一幕戏都需要频繁更换戏服，因此必须准备各式各样的服装（最便宜的也要1000多元）和道具。投资这些设备所需花销不可小觑。据可靠消息，要成立一个剧团，仅初期投资就要30万元（倪亚娣团长访谈）。此外，剧团还要雇用许多演员及乐手加以训练以求返利，因此，剧团必须在一定程度上采用商业化的模式进行运营。

剧团团员都是专业人员，他们完全依靠越剧表演谋生。万花越剧团一年中的大部分时间都在象山之外的地方进行表演，团员们只有

在年末与中元节前才能回家休息。除训练外，团员们几乎每日都在工作，当然，他们也会得到相应的报酬。

如今在中国，要展示出令观众满意的高水准表演，相应的投资必不可少，这便关系到戏曲的商业化。设备与运营的现代化和商业化诚如硬币的两面，休戚相关。在宁波近郊的一些地方，即使支付相应的高额费用也要追求绚烂豪华的舞台。

而且，因为越剧团的表演开销极大，所以不能一直在一个地方，要在数日的短周期内移动演出。剧团移动的范围无疑就是剧团的市场范围，因此必须不断地开拓市场。冠名“象山”的象山万花越剧团，本部位于象山县丹城，其表演地点除祠山庙以外，还包括宁波的邱隘镇、塘溪镇、龙云镇和象山以外的地方。另外，根据万花越剧团提供的字幕电子资料推测，剧团的表演地点还有象山县贤庠镇塘岙村（农历二〇〇九年六月十六日—十八日）和台州市玉环县（今玉环市）珠港镇陈屿双峰村两地。如前文所述，万花越剧团在宁波表演时使用“象山万花越剧团”的名称，而在家乡象山表演时则使用“杭州天宏越剧团”。在不同地方使用不同剧团名，说明该剧团具有很大的市场。

下面我们将视线转向主办方与观众。在塘溪镇黄岭村、咸祥镇、象山县姜毛庙等地的越剧表演期间，我们针对“什么样的人如何做才能叫来剧团表演”的问题进行了采访。黄岭村的一般做法是，由村里有声望的人与“越剧通”长者们商量之后，再通过越剧爱好者与剧团交涉并邀请剧团表演。虽然黄岭村的裴公祠好不容易才保留下来，但因年久失修，已无法作为表演场地。据塘溪镇当地人施凯盛称，黄岭村中各个地方都立有裴公庙，每年农历十月二日（裴公诞辰）前后都会献戏酬神。

关于咸祥镇，田仲一成在《中国戏剧史》（东京大学出版社，1998

年）一书中提及咸祥庙的戏剧历史。书中写道，咸祥庙的戏剧运营方式确立于清初，八个村子在八年间轮流举办祭祀，每轮的第三和第四年商定戏剧表演。田仲认为，他们的祭祀虽然保留了原汁原味的乡村祭祀风貌，但实际上却是朱、王等八姓宗族联合举办的市场戏剧。旧时八姓轮番制的祭祀与献戏已然不在，但据施凯盛所说，咸祥庙依然会在正月十三“上灯”节与裴公诞辰这两个特殊日子里举行戏剧表演。虽然现如今的做法与清朝时迥然不同，但咸祥庙的戏剧和祭祀礼仪始终不可分割，因为祭祀礼仪已深深根植于这些宗族和信仰之中。从咸一村到咸五村，咸祥镇中心的村落里仍有朱氏等大姓，这些大姓也还保留着各自的宗祠，他们仍然虔诚信仰咸祥庙的神明。2009年10月27日，咸祥镇举行了名为文艺踩街的巡游活动。那是中华人民共和国成立后，政府第一次批准咸祥庙的神、裴公及杨公神像的巡游。神像们从庙里出发，首站到达咸祥镇中学，在村里绕行一圈之后，再回到庙里（图34）。镇里各村[1]精心设计的花车加入队列，为巡游增光添彩。杨公，名杨懿（1694—1729年），字元徽，陕西蒲城人，清雍正五年（1727年）任鄞县县令。因施行善政，咸祥人民缅怀其遗德，在此立庙，至今香火不绝。这种神像巡游和花车游行多由以宗族为核心的村子[2]以及咸祥庙的信徒操办。可以肯定的是，咸祥镇内的戏剧表演也有宗族组织支持，而民间信仰便是戏剧活动得以举行的间接动力。

---

1 芦浦村、里蔡村、横山村、外蔡村、海南村、球山村、球东村、象山贤庠镇、南头渔村、咸六村、王家村、咸四村、咸二村、咸五村、西宅村、龚犊村、咸三村、咸一村、咸祥庙杨公纪念馆民间艺术队。

2 笔者（上田）主要观察的是咸五村。与花车制作等密切相关的是朱福林氏和朱甲华氏等朱氏一族。

图34　宁波地区的神和裴将军巡游
（2009年10月）

下面我们说一说越剧剧目、剧本与南戏的关系。

象山万花越剧团保存的字幕电子资料共有175份，其中有1份歌谣表演的歌词字幕文件，还有2份感谢捐赠者的谢辞。其余172个文件中，浙江婺剧的字幕文件有3份、安徽地方戏剧黄梅戏的文件1份，余下168份均为越剧字幕文件。

越剧是到了近代才确立的剧种，历史较短，因此一直未被纳入中国古典文学研究之中。然而，在越剧的剧目里，实际上有不少与古代南戏的共通之处。

在南戏学者徐宏图制作的“南戏遗存总目一览表”[1]中，被认为是宋元南戏的剧目共有57部，其中出现在万花越剧团文件里的有《荆钗记》、《白兔记》、《血手印》（又名《林招得》）、《梁山伯祝英台》（又名《祝英台》）、《唐僧出世》（又名《陈光蕊江流和尚》）、《貂蝉与吕布》（又名《貂蝉女》）、《金钗记》（又名《刘文龙菱花镜》）、《劈山救母》（又名《刘锡沉香太子》）8部作品，现在万花越剧团仍在表演

1　徐宏图，《南戏遗存考论》，北京：光明日报出版社，2009年。

这些剧目。而在明人改编的南戏中，《白蛇传》《狸猫换太子》等进入越剧剧目，时至今日仍广受好评。此外，四大南戏中的《拜月亭》《杀狗记》，以及南戏代表作《琵琶记》《西厢记》虽然并不在剧团的文件中，但都被吸纳进了越剧的剧目。

越剧与南戏之间的共通剧目为何如此之多？对此，田仲一成指出："现在，温州地区流行的古典剧是出自新昌县的'越剧'。这是一种新戏剧，兴起于清末，因此并未传承宋元南戏。然而，若要复活已经绝迹的南戏，在该地区，通过时下流行剧种越剧对其进行重现，最易被观众接受。"加之，越剧本就以爱情故事见长，南戏亦然，两者十分贴合。他还指出，浙江东部并未发现宋元南戏的遗存剧种，勉强只有新昌高腔（腔调）在唱词和对白上汲取了古代正统南戏之韵。

然而，为何越剧现在仍然在农村广受欢迎？对此，细井尚子[1]认为，1949年新中国成立，对于观众而言，越剧原本内含的政治性和思想性均已经过时且脱离实际，此后越剧便转型为大众娱乐形式幸存下来。这一主张[2]虽对思考越剧在近代中国的社会意义具有启示作用，但越剧受欢迎的理由难道就只有"娱乐"吗？娱乐也有时兴与否，当今时代，由于电影、电视、DVD和网络的普及，人们能够轻而易举地欣赏到丰富的影像。因此，有必要从其他角度探究越剧如今人气依旧的理由。

其中一个角度就是越剧主题所具有的普遍性。若如郭英德所说，南戏的主题是"情和理的冲突→情和理的融合"[3]，这一主题的越剧剧

---

1 东亚戏剧研究学者，毕业于早稻田大学，现为日本立教大学教授。——编者注

2 被中山文引用于《袁雪芬和上海越剧》一文里。出自细井氏在2002年7月6日于立教大学举办的语义论研究会上的报告"舞台上的性别"。

3 郭英德，《明清传奇戏曲文体研究》，北京：商务印书馆，2004年。

目确实不在少数。现在，农村表演的剧目多由主办方或出资人决定，我们不认为主办方或出资人会为重振南戏而有意创作并选择这类越剧作品进行表演。情理纠葛，从古至今都是一个大难题，并不会因为中国社会制度的变革而简单地消失。因此，以情理纠葛为主题的作品时至今日依然能够引起农村受众的共鸣。可以说，南戏作品最终在越剧的舞台上以崭新面貌重新回归了大众视野。

另一个角度与孕育出越剧的江南戏剧之性格有关。看越剧时，有许多残虐的场景，特别是严刑拷打女性的场景多次出现（图35）。何以如此？

图35　描写女主角悲惨人生的越剧《三审卖花女》中的拷问场景（2009年2月，象山县丹城姜毛庙，象山万花越剧团）

民俗学家野村伸一[1]在《艺能史余录》的“女性拷问”部分中提出了一个问题——“在中国演艺史中，女性总是遭受百般苦难，甚至

1　日本民俗学者，毕业于庆应义塾大学，现为庆应义塾大学文学部名誉教授。——编者注

被严刑拷打，如此情形始于何时？”他首先在《香山宝卷》[1]中寻求答案，关于“女性拷问”的艺术在中国和朝鲜人气居高不下的理由，他认为：“其一，为满足朝廷所期待的‘烈女’形象，讲述者做了改编；其二，作为女性应当忍受各种苦难，这足以让现实中的女性好好学习。”越剧剧目里常常出现公案剧（庭审戏），有严刑拷打等场景并不为奇，然而惨不忍睹的过度表演的确不少。这也可以看作舞台上的女主角历经苦难，最后才能被奉为烈妇、节妇的固定仪式。

此外，越剧里还有很多主角或者正面人物穷途落魄、到处流浪乞讨的场景以及举办法事等宗教仪式的场景，那时就会有观众手里拿着纸币靠近舞台做捐赠，而这也是表演的一个环节。比如，2009年2月11日下午表演的越剧《桐花泪》，说的是女主角桐花带着次子二龙踏上了寻找长子大龙的苦难之旅。在旅途的场景中，观众依次走到台前，捐赠钱款给舞台上的桐花和二龙母子，不一会儿，舞台一侧的黑板上就记下了共1580元的善款和对观众的致谢。福建的“目连戏”里会插入一种仪式，即扮演目连尊者[2]的演员会在舞台上救济从地狱中被解救出来的孤魂野鬼，越剧里也有观众通过捐款救济舞台上孤魂的意味。田仲一成在其著作《明清的戏曲》（创文社，2000年）里分析道：“江南宗族的戏剧传承了宋元以来神仙审判和救济孤魂的‘大团圆’场景，但同时也让最严肃的英灵告慰剧严重衰退，而将其专门演成烈妇镇魂剧。”他认为这是维系宗族安宁的必然结果。我们或许能够推测，过去这片土地上盛极一时的烈妇和节妇镇魂剧的作用，现在正被越剧所替代。

---

1 “宝卷”是一种中国宗教说唱文学文本，流行于明清时期。

2 释尊十大弟子之一。目犍连。

第五节　甬剧和宁波走书

毋庸置疑，越剧是今日宁波地区的戏剧主流。实际上，除越剧外，这里还存在其他不可或缺的传统艺术种类，那就是宁波独有的地方戏剧“甬剧”以及宁波本土说唱艺术“宁波走书”。我们将简单介绍这两类戏剧，同时思考甬剧与宁波走书何以在“越剧天下”的宁波与越剧长期并存直至今日。

甬剧

甬剧是宁波最具代表性的地方戏之一。清乾隆年间出现了一种坐着（坐唱）说书的演艺，叫作“串客”。串客多在鄞县、奉化、镇海等地由业余爱好者表演，既无伴奏，也无规定动作。后来，串客受到“甬昆”“徽戏”“乱弹”等其他戏剧的影响，逐步发展为戏剧。甬昆，别名宁波昆剧，是昆剧体系中的一个剧种，曾活跃于宁波及周边各县。根据老艺人的回忆录《宁波昆剧老艺人回忆录》[1]所载，清朝末期宁波城内有20家剧团（甬昆班），甬昆班的剧目里除了传统昆剧以外，还有“调腔”和戏班独创的新戏。这为我们思考南戏与传奇在清朝的传播提供了有益的素材。咸丰十年（1860年）前后，串客进入宁波，在茶馆等地开始表演。光绪十六年（1890年）又成功打入上海，并改名为“宁波滩簧”。宁波滩簧屡遭禁演，虽也不断学习“文明戏”（初期的现代剧）并进行改良，但最终还是失去了人气。1950年，宁波滩簧正式改名为“甬剧”，一众演员从上海回到宁波表演现代剧，自此甬剧迎来了巨大转机。从1949年到1995年上演的170部剧目中，现

1　苏州市文化广播电视管理局编，徐渊等整理，2002年。

代戏多达125部，古装戏（着汉服表演的戏剧）仅6部、清装戏（着清代服饰表演的戏剧）19部、时装戏（着洋装表演的戏剧）20部。古装戏、清装戏和时装戏少，已然是甬剧的一大特征。甬剧的代表剧目有现代戏《两兄弟》、清装戏《半把剪刀》等，包含这些剧目在内，多部剧目都发行了VCD（激光视盘）。

20世纪50年代到60年代，宁波市内和鄞县的农村里曾有多个专业或业余的甬剧团。时至今日，仍在继续活动的职业剧团只剩下宁波市内的宁波市甬剧团、2000年复出的宁波市南部姜山镇的姜山镇甬剧团（创立于1982年）以及业余的下应甬剧团。关于甬剧团的活动，施凯盛在《宁波地区传统曲艺的生存空间及现状——以宁波走书和甬剧为例》[1]的详细研究中，整理并介绍了宁波市甬剧团在2008年与2009年间几乎所有的表演地点和剧目。根据他的统计，2009年内甬剧团表演的剧目有《秋海棠》《半夜夫妻》《陆雅臣卖妻》《守财奴》《双玉蝉》《天要落雨娘要嫁》《春江月》《借妻》《半把剪刀》《宁波大哥》《杨乃武与小白菜》《雷雨》《滔滔姚江水》等14部（不包括只演一幕的折子戏）。剧目的选择或受主办方和出资方限制，但若只有这些剧目，则说明甬剧团表演的种类实际远不及越剧。再者，由于其中现代戏颇多，所以与象山万花越剧团等的越剧剧目几乎不重复。

至于表演地点，从2009年的数据可知，甬剧团在市区17处共表演了64天，在农村地区37处共表演了99天。在市区的17处中，有11处是宁波市内的逸夫剧院、宁波大剧院、杭州的杭州剧院、横溪影剧院、邱隘影剧院等剧场。在这些剧场里的表演天数总计为58天，占表演总天数的36%。在农村地区的表演天数虽超过了总天数的60%，

---

1 上田望编，《宁波传统戏剧空间》，平成二十二年度科学研究费补助金研究成果报告书所录，2010。

但宁波市甬剧团既然是市营剧团，在城市里必定也有一定的表演机会和观众基础。此外，在农村地区的37处表演地点中，除去具体地点不详的3处后，我们发现除了毗邻宁波的慈溪市（西门外村）和宁波市北仑区（小港街道）以外，其余全都是宁波市鄞州区各乡镇下辖的村子。这些地方的总表演天数实际为87天（占总表演天数的53%），加上在鄞州区各剧场里的表演天数，共有128天（占总表演天数的79%），即约八成表演都在宁波市鄞州区内。甬剧表演中使用的是同属吴语的宁波方言，或许正因如此，台词基本使用方言词汇。越剧团活跃于跨越县市等行政区域的广大地带，而甬剧则与之不同，因其歌词采用宁波方言，故成为一种只限于宁波，尤其是鄞州区的大众戏剧。

宁波走书

宁波走书是流传于宁波地区的一种说唱艺术，原名“莲花文书”“犁铧走书”等，1956年后更名为宁波走书。与同样发端于宁波的说唱艺术之一——“四明南词”等相比，走书以往极少受到关注，在中国的曲艺史里也鲜被提及。在此，我们将基于李蔚波《宁波曲艺志》（宁波出版社，1999年）中的记述，概观走书的历史。

根据《宁波曲艺志》所述，清末光绪年间，源于上虞农村的表演艺术流入宁波地区后，又扩展到镇海、舟山等地。据说这种表演最初没有乐器伴奏，只用竹板击节伴唱伴说，歌词的曲调也十分简单。后来，受到“绍兴莲花落”“四明南词”“宁波滩簧”和地方歌谣的影响，人们又创出“四平调”“马头调”“赋调”三种曲调，伴奏中也随之加入了四弦胡琴、二胡、月琴、扬琴、琵琶等乐器。其中，四弦胡琴被普遍认为是宁波走书里不可或缺的主要乐器。

走书的表演和座位安排也与其他说唱艺术不同，别具一格。表演者和乐队分别坐于设置在舞台中央的桌子两侧，表演者能够自由利用舞台空间四处走动来完成各式表演，故称“走书”。

走书的剧目有《白鹤图》《黄金印》《珍珠塔》《狄青平西》《薛仁贵征东》等长短不一的100余部作品。其中一部分作品得以被整理并收录进《宁波传统曲艺作品精选——宁波走书卷》（宁波出版社，2006年）等书中。从武侠剧到世态剧，从历史剧到现代剧，走书的故事类型花样繁多，不难想象其必定受到了越剧、绍兴莲花落、评弹[1]等周边传统艺术的影响。

遗憾的是，宁波走书在市面上似乎没有VCD等媒介流通，不过从1978年到1984年间，很多剧目都曾通过广播播放。

现在，曾经在宁波随处可见的书场（表演地点）几乎消失殆尽。走书不再有固定的表演地点和机会，但时至今日，仍有专业或业余的走书艺人在坚持活动。

笔者根据实际听闻，总结出当下宁波走书的特征如下。

一、娱乐性质浓厚，未见其与祭祀仪式有关联。

二、据演员自述[2]，剧目多改编自《五虎平西》《薛仁贵征东》《包公案》等明清白话小说。一些演员也持有整理了故事梗概的蓝本以及实际表演文字化的台本。

三、连日表演中，最短的《倭袍传》需要12天，最长的《杨家将》则需60天。由此可知，宁波走书的剧目整体上以长篇作品居多。而另一不可思议的是，其剧目与越剧、甬剧之间几乎没有重复。

1 中国的说书戏剧。兼有评话和弹词两种形式。

2 根据施凯盛的研究。

四、与评弹等表演形式类似，宁波走书不需要很多人，有一位表演者和一位以上的伴奏者即可进行表演。不仅如此，走书的谢礼为每场（3小时）500元左右，比甬剧和越剧便宜许多。

五、“说”的部分使用的自然是方言，然而“唱”的部分也用宁波方言，因而除母语为宁波方言的人之外都难以理解，是宁波特有的一种表演艺术。

鉴于上述特征和现状，可以说，走书最大的竞争对手，当是用宁波方言表演的甬剧和吴语评弹。然而，同为说唱艺术的评弹基本不在农村表演，而是以城市书场为主要活动据点。因此，在农村独占鳌头的非宁波走书莫属。再者，比起甬剧，走书的优点在于每次表演所需的花费较少却能提供长期娱乐，而且剧目也不与甬剧重复。另外，与多少保留一些像咸祥庙表演等与祭祀和仪式之相关性的甬剧不同，走书的表演场所几乎不带任何宗教色彩。果然，“戏剧是戏剧，说唱艺术是说唱艺术”，两者作用不一，其受众地域也完全不同。

结　语

在本章结束之际，一些情况已然明确，整理汇总如下。

第一，时至今日，浙东地区从城市到农村仍深受越剧影响。从其形成过程来看，越剧具有都市要素，且用吴语演唱，因此保障了浙江、江苏两省以及包括上海在内的江南一带的巨大市场。许多越剧团在此共存共荣，不断拓展商业活动。

第二，越剧并未完全沿用明清南戏（传奇）剧目中的歌词和台词，但在改编南戏时多少有所承袭。然而，“浙东地区南戏消失于何处？”这一问题仍悬而未决，今后还需证明这样一种可能，即宋元南戏中反映出的主题、社会背景以及观众取向等要素，经由明清的传奇、弹词、宝卷等各种戏剧与说唱艺术，潜移默化地融入“新瓶（音乐、表演）旧酒（故事内容）”的越剧故事中。

第三，在“越剧天下”的浙东，源于宁波的地方戏甬剧以及同样在甬形成的说唱艺术宁波走书，以鄞州区为主要舞台各自发展，参与构筑了方言文化。在浙东地区建立的戏剧和说唱艺术金字塔里，越剧位于顶点，甬剧和走书位于越剧的下端，却与越剧分而居之，由此形成了满足不同阶层需求的“传统艺术的阶级化”。

（上田望）

第五章　浙江地区的“船上人家”

第一节　探讨方式

关于以宁波为核心的浙江省北部自然生态与社会生态相结合的生态环境以及历史地位，序言中已详细描述，此处不再重复。就重点而言，在生态环境和历史上，宁波既是由“海”通往外部世界的窗口，也是以“河流”为媒介连接内部世界（尤其是以盆地为中心的浙江各地）的起点。

诚然，“海”与“河流”的性格和规模大为不同，但在“水”能让人无缝联结这一点上，它们发挥着同样重要的作用。本书尊重这样的地域特色，依靠结合多种研究方法的实地调研，描绘出历史文献难以显示出来的一个未知的世界，通过一一清晰刻画的方式，让读者领略到文字史料所不能展现的历史妙趣。

考虑到历史文献的局限，本章特别关注几乎未被研究过的渔业和航运等行当，还有以这些行当为生的渔民和水上居民，以期展现他们的整体面貌，同时也会介绍一些个别的具体事例。之所以如此，一是因为这一群体是该地区的重要组成部分，但却生活贫困，他们在船上生活，四处辗转，又遭受歧视；二是，若要介绍和研究这个群体的人，就必须前去实地调研，对他们进行一一采访。

以访问调查为主要研究手法，必须认识到它的局限性。例如，采访溯源，不可能早于1930年代，因为能清晰记得1930年代的人至少也已80岁高龄。同时，受访者还需身体健康、口齿清晰。故采访也具有相当的现实难度。

本章的内容原应从与“海”息息相关的群体开始讲述，但本书论及舟山群岛居民和海盗等“海”的内容已经很多。因此，关于“海”，本章只略谈捕捞活动，而将主要谈“河”，即主要谈在内河水域活动的渔民和水上居民的世界。直到近年，他们中的许多人还一直在船上生活。因为主要记叙“河流”，故使用“船上人家”一词统称渔民和水上居民。虽然在“海”的描述里也使用这一称呼略有不妥，还望读者予以理解。

第二节　海上的渔民和水上居民

浙江的地理特征

进入正题前，我想首先对船上人家所处的自然环境简单加以说明。根据以自然生态为中心的生态环境里大致规定的“农业（经济）地理”范围，浙江省内有杭嘉湖堆积平原、钱塘江下游、杭州湾两岸平原、宁绍堆积平原、温黄平原、金衢低丘盆地、浙西丘陵低山、浙东丘陵盆地、浙南山地、沿海海洋岛屿等各种类型的地貌，可见浙江省出类拔萃的生态环境多样性。

浙江东部是作为对外贸易枢纽的宁绍地区，这里是通往“海”的窗口；北部是以大城市杭州为中心的经济发达地区，与江南三角洲相连；西部和南部坐拥与中国东南部相似的山区以及省域内大面积的丘陵和盆地。

此等多样性决定了这一地区船上人家的生计形态。接下来，我们首先介绍一下浙江东部海上的渔民和水上居民的生活。

海洋捕捞与渔民

根据史前考古发掘物可知海洋捕捞的发展，如1973年至1978年，余姚河姆渡遗址中出土了距今约7000年的新石器时代晚期的木制橹、船形陶器、骨锥和骨镖（骨制的捕鱼工具），以及大量的鲨鱼、鲸鱼、海龟等海洋动物的遗骸。这些证据表明人们在很早以前就已经开始利用海洋资源。

唐代《旧唐书》《新唐书》中记载，曾有蛤、鲈、鲻、白蟹等海货源源不断地从明州（今宁波市）运往长安。据说这一情况一直持续到了北宋。南宋时期，海洋捕捞进一步发展，《四明续志》的“三郡隘船”中记录道：“庆元府（今宁波市）鄞县、慈溪、奉化、定海、象山、昌国（今舟山市）六县共管船七千九百一十六只。”海洋捕捞的繁荣带动了该地区的经济发展。正如许多读者所知，由于元明时代的倭寇活动和随之而来的海禁政策，这一经济增长逐渐开始萎缩。

倭寇的猖獗以及郑芝龙、郑成功[1]父子的出场，充分体现了海洋贸易的发展。康熙二十三年（1684年），清朝颁布展海令，海洋捕捞才终于开始重归往日的繁盛。当时的地方志也详细记载了宁波内部通过移民传播捕鱼技术的过程。

到了清末民国时期，捕捞技术终于在全球范围内得以革新。各国

1　郑芝龙（1604—1661年）、郑成功（1624—1662年）父子，明末清初在福建、台湾一带活动的海上势力的统治者。郑芝龙在明末通过走私贸易发迹，其与平户的日本女子生下儿子郑成功。郑成功作为抗清势力二度北伐遭挫，后避地台湾。

开始使用拖网船，不仅是沿海渔业，还开始涉足远洋渔业。舟山列岛近海也出现了日本渔船，民国政府便开始保护渔业权。言及渔业权，需要追溯至清末。清末以来，根据张謇[1]的建议，沿海七省[2]都设立了国营渔业公司。其中，江浙渔业公司持有福海号并获得了海上作业与捕捞的权利，意图以此来保护在舟山群岛近海发现的丰饶渔场。

新中国成立后，根据政策，舟山群岛的居民率先开展了集体化。中共舟山县委宣传部、中共蚂蚁岛人民公社委员会编著的《解放前后的蚂蚁岛——蚂蚁岛人民公社的历史》（农业出版社，1959年）详细记载了其中经过。终于，在舟山群岛的一个小岛上，成立了中华人民共和国首个人民公社（图36）。

图36　浙江省舟山市蚂蚁岛上的全国最早的人民公社（太田摄）

1　1853—1926年，清末民国初期的实业家、政治家。

2　奉天、直隶、山东、江浙、福建、广东、南洋。

第三节 内河水域的水上居民

钱塘江、富春江、新安江流域和九姓渔户

与面朝海洋世界的宁绍地区及沿海岛屿的重要性相比，贯穿浙江省西部、连接着内陆及东南部宽广的盆地的重要水系——钱塘江、富春江、新安江流域的重要性，在以往的研究中并未被予以足够的重视。如今，钱塘江水系已成为广为人知的文旅胜地。除了上游的富春江和新安江沿岸星罗棋布的名胜以外，1959年因建设水力发电站而出现的千岛湖更是名满天下。千岛湖得名于其中无数的大小岛屿，现在由高速公路与杭州直接相连，因此这里是城市居民“家门口”的热门景点。

在历史上，钱塘江水系是内陆河交通中最重要的路线之一，人们通过海运和大运河输送南北物资。关于当时的情形，《唐国史补》卷下中记载有：“扬子、钱塘二江者，则乘两潮发棹，舟船之盛，尽于江西，编蒲为帆，大者或数十幅[1]。”鉴于如此历史原委，我们有必要了解在内陆河这一水上世界居住谋生的居民们的实际生活，以明示该地区的历史。

笔者（太田、佐藤）在三年间对富春江、新安江、兰江流域的船上人家——九姓渔户的后代进行了采访取证。九姓渔户是由陈、钱、林、李、袁、孙、叶、许、何九姓所组成的船上人家的总称，他们在新中国成立前长期被视为“贱民”。九姓渔户被蔑称为“贱民”的理由之一就在于他们的营生，因为当时有人在叫作“江山船”“茭白船”

1 一幅约为73厘米。——译者注

的船上卖艺和卖春。但事实上，大部分人都只能靠渔业和航运勉强度日。他们的聚居地中，最有名的是“建德三江”[1]合流处的建德及其下游的桐庐，其次是江山、兰溪、杭州等地。他们的行动范围则具体分布在建德、淳安、桐庐、富阳、杭州、义乌、衢州、常山、汤溪、兰溪、龙游、开化、江山以及绍兴、金华等地的河流流域。这体现了与前述的金衢低丘盆地、浙西丘陵低山等浙江内部地域性之间的密切联系。下面，笔者将结合在建德和桐庐开展的口头调查的成果，展示九姓渔户在渔业和航运方面的真实情况，为研究内河水域的水上居民提供素材。

九姓渔户与渔业

首先是从事捕捞的九姓渔户。1970年以后，九姓渔户受到政府扶助，结束了水上生活并开始定居陆地。笔者在其中的馒头山渔业村、大洋镇渔民村、三都镇渔业村三个渔业村里均开展了关于捕捞的访问调查（图37）。

图37　钱塘江、富春江、新安江流域图

1　富春江、新安江、兰江。

九姓渔户所在河流流域捕捞活动的特点如下。

第一，九姓渔户在新中国成立前一直在船上生活，他们所拥有的船分为娘船（家船、住家船）和打鱼船。娘船略大，时而会移动，但基本停靠在岸边，用于居住和生活。捕鱼时，他们会乘坐小型打鱼船前往渔场。

第二，利用鸬鹚捕鱼是过去的主要捕捞方式。当时，鸬鹚捕鱼是中国各地广泛采用的捕捞方法之一。关于它的起源，一般的主张有中国、日本二元独立产生论。发源地其一是中国浙江北部一带。可儿弘明[1]与贝特霍尔德·劳费尔[2]指出，14世纪的传教士游记里就有细致描写参观钱塘江鸬鹚捕鱼时的情景。不仅如此，可儿弘明还提到了浙江北部一带在鸬鹚捕鱼技术上的优势，"尤以杭州、绍兴、宁波（的鸬鹚捕鱼）最盛，多能手"[3]。不难想象，与日本的鸬鹚捕鱼不同，中国的鸬鹚捕鱼就像西方的鹰猎一样，鸬鹚即使不拴绳也会自动回到主人身边。如此奇特的情景令人备感兴趣。

第三是捕捞的移动、季节性和区域等。以下将通过个别事例简单说明。

大洋镇渔民村的林姓老人（73岁），他祖父母四人都曾从事鸬鹚捕鱼。此外，同村陈姓大多数人也都曾用鸬鹚捕鱼。林姓老人的父亲入赘时，外婆和母亲的两个未婚的弟弟在外公的船上生活。外公的船停靠在岸边作为"住房"，捕捞时则驾驶另外的小船。外公与舅舅直到1970年代都在用鸬鹚捕鱼，后来才开始使用渔网。舅舅的儿子们

1 1932年出生，日本历史学者、文化人类学者，曾任庆应义塾大学教授。——编者注

2 Berthold Laufer，1874—1934年，德裔美国犹太人，人类学者、东方学者，曾多次来华考察。——编者注

3 可儿弘明，《鸬鹚捕鱼——复苏的民俗与传承》（鵜飼——よみがえる民俗と伝承），中公新书，1966年。

远到上游安徽渔猎，直到渔获期过去才返回。冬天，四五百艘鸬鹚捕鱼船从衢州等相距很远的地方出发，去到兰江、新安江进行捕捞，更远的甚至到了东边的梅城、桐庐、富阳、兰溪等地。另一名大洋镇渔民村的老人（75岁）鸬鹚和渔网都用，春天在下涯，冬天则去到杭州、富春江、兰溪捕鱼。一艘娘船配有两至三艘捕鱼小船。冬天，桐庐、兰溪、下涯等地的三四十艘船会一起用鸬鹚捕鱼，捕鱼的都是陈、钱、许姓人。一般来说，每家每户都饲养有七至十六只不等的鸬鹚，他们还给鸬鹚标着红、黑、白三种标记。

三都镇渔业村有一老人（79岁）在新中国成立前也居住在船上。以前他有三四艘1吨左右的捕捞船，还有一艘20吨的娘船用于居住。娘船会随着捕捞地的变换而移动。三都镇渔业村约有五六十人从事捕捞，共有20艘打鱼船和三四艘娘船。冬天，来自兰溪、金华、衢州等地的五六十只渔船汇集在七里泷捕鱼，其中以鸬鹚捕鱼最多。

此处因篇幅有限，只能举以上三例。但由此可知，在浙江到安徽的一定范围内，九姓渔户们反复进行季节性移动，一边生活一边捕鱼，并大多使用技术要求颇高的鸬鹚捕鱼。另外，他们捕鱼都是各自行动，几乎不会共同作业。

九姓渔户和航运

为方便论述，本章将九姓渔户的营生手段大致分为渔业和航运。但实际上，很难严格区分渔业和航运，在职业上它们可以互为转换。林氏（73岁）一家在新中国成立前长期从事航运，对当时的情形如数家珍。由于九姓渔户一直内部通婚，林氏家族中父系和母系的祖母竟然是亲生姐妹。他的外祖父本以鸬鹚捕鱼谋生，后来买入小船开始了航运。从其他事例中也可知，选择渔业还是航运，取决于家族和妻家之间的关系，当然还有家里的积蓄。只有满足能调配更大的船或更多劳动力的条件，才能选择航运。九姓渔户内部构筑起来的婚姻关系网，使得这种选择成为可能。

另外，在九姓渔户的航运分布地中，最为闻名的是“建德三江”汇合处的建德、桐庐，此外还有江山、兰溪、杭州等地，其活动范围甚至扩展到前文中提到的建德、淳安、桐庐、富阳、杭州等流域。结合水系来看，这一分布与“建德三江”以及江山港、常山港、衢江、金华江、桐江流域一带一样，体现了与金衢低丘盆地、浙西丘陵低山等浙江内部地域性之间的紧密联系。换言之，浙江内部的“面”由各具特色的诸多下位“面”构成，通过钱塘江、富春江、新安江等水系与三角洲地带或海洋，与丘陵、盆地、山地连接在一起。穿梭于河流中发挥这一“线性”功能的便是九姓渔户。

对九姓渔户的采访，揭示了地域扩张实态中极其重要的细微差异。根据上述林氏所说，陈姓多分布在衢州、金华、兰溪，孙姓多分布在富阳、桐庐、建德。陈、钱、许诸姓多居住在新安江，而叶姓则不论职业全数迁移至安徽黄山附近。据称，航运从业者以何、李、钱、许各姓居多。如此，九姓渔户中的诸姓都有了固定的生活区域。然而，迫于生活，通过通婚谋求生路并改变生活范围之事也绝非罕见。

最后是从事航运的建德九姓渔户所运之物及其航运线路。新中国成立前，建德的航运从业者以运送薪柴为主，将木材和煤炭运往杭州卖给柴行和炭行。当时，建德、桐庐、富阳等地会派船来向航运从业者们征税，还在铜官、兰溪征收卡子税（商品通关税）。这些船有时会被国民党无偿征用以运送物资，有时还会遭遇杭州“地头蛇”（当地的地痞流氓）的敲诈勒索。我们向曾任航运公司董事长的某人了解新中国成立后至1970年代的情况得知，在新安江水电站建成前，他们将薪柴、木材、茶叶等建德物产运至杭州，又从杭州带回工业制品。航运公司成立时（1968年），他们将薪柴与木炭运往杭州，并将海鲜、糖、盐、棉布、黄酒、酱油等运往建德。这些都真实反映了某种地域间的联系，即木制品与丘陵地带、盆地等地难以得到的加工品及工业制品之间存在交换关系。

这些是人们记忆中的物流，是讲述人所见的情形，而不是对钱塘江流域整体的观察。清末严州府知府戴槃有云“由钱江而上至衢州，号为‘八省通衢’。而福建之茶、纸，江西之瓷、纸，广东之洋货，宁波之海货，来往必由。富商大贾非头亭、茭白不坐，豪宦亦然”[1]。这显示了连接东南沿海—宁波—中国内陆那条“线”的特征。由此，我们充分观察到了交通要塞的地域特征和九姓渔户生存空间之间的关联。

第四节　九姓渔户的起源与境况

九姓渔户的起源

新中国成立前，九姓渔户在很长一段时间里都被视作“贱民”。关于其起源，众说纷纭，尚无定论。有九姓渔户是与朱元璋争霸的元末叛首陈友谅[2]及其部署后裔之说，也有他们是不满元朝统治遂择船而居的南宋遗臣后代之说，等等。九姓渔户不仅被禁止参加科举考试，还被禁止与陆上居民通婚，在岸上的活动甚至遭到乞丐和“堕

---

1 出自（清）戴槃《裁严郡九姓渔课录》。——译者注

2 元末群雄之一，以长江中游为势力范围，死于与朱元璋大军之战。

民”的干涉，处于“贱民中的贱民”一般的窘境之中。虽然雍正年间（1723—1735年）的“开豁为良”以及同治年间（1862—1874年）的禁令在法律意义上打开了九姓渔户通往“良民”的道路，但从民国时期的调查来看，要他们改变一直以来的职业并非易事。

不论是文献调查还是口头采访，任何方法都很难确定九姓渔户起源于哪个时代。但是，从九姓渔户自身的陈述中可以窥见其起源传说是如何形成的。关于其祖先的传说如何代代相传而来，他们回答如下：

> 我小的时候，老人们常常说起，因先祖参加革命失败，陈姓、钱姓、许姓就被打垮后逃至河上，开始以打鱼为生。之后，又被禁止在陆地上穿鞋。

有趣的是，祖先们把九姓渔户被打成贱民身份的背景归因于参加“革命”。这是挪用了新中国成立后长期作为绝对价值观标准的“革命”，让九姓渔户的起源传说脱胎换骨。由此可以推测，为了让“贱民”身份不断正当化，他们将各种故事掺入其中，拼凑成了起源传说。

既然通过历史文献和访问调查都难以明确其起源，那就只有运用“旁证”的方法了，即只能从被叫作九姓渔户的渔民和水上居民出现的背景进行探究。为我们提供了重要启发的是有关东南沿海地区“疍民”的研究。关于船上人家“疍民”出现的背景，众说纷纭。有的认为是宋初人口增长导致中国南北人口比例逆转，有的认为是因为福建、广东两省耕地严重不足，没有土地的人们分化出种类杂多的职业，其中一部分人到了海上发展。此外，随着宋代的商业化和城市化

（尤其是市镇的簇生）进程，社会阶层和职业不断分化，流通机构日益发展等，也为“船上人家”提供了生存空间。更为有趣的是，除长沙的“潭户”以外，江西、湖南、江浙等地也出现了很多在船上生活的专业化船上人家。这一共时现象与九姓渔户的出现之间必定存在密切的关联。

九姓渔户的境况——陆地居民和船上人家

九姓渔户“贱民”地位的确立可以追溯到明初。洪武年间（1368—1398年），建德县的簿册《船庄册》里就有九姓渔户的记录，其中明确记载了他们曾被征收人头税和渔课（向渔户课的税）。这一法律身份的出现为九姓渔户是陈友谅及其部属后代的说法提供了有力证据。雍正年间的“开豁为良”让山西的“乐户”和浙江的“堕民”等“贱民”得到了法律上的身份解放，但九姓渔户的变化却仅限于其人头税被归入渔课之类。同治年间，经过严州府知府戴槃报请闽浙总督与浙江巡抚并获得批准，九姓渔户终于得以“改贱为良”“裁免渔课”。同治五年（1866年）立石碑于建德县衙内，碑文即改贱为良的除籍改业令内容。

“贱民”身份在法律上获得解放后，九姓渔户被允许上岸从事士农工商等职业，经历四代人从事正业，方可获得参加科举的资格。然而，在前近代社会里，毫无根基的改业是极为困难的。除去极少部分赚了大钱能在岸上买地的人以外，大部分人依旧从事渔业和航运业。事实上，即使经历了四代，也不足以转从“正业”。另外，“岸上民”即陆地上“良民”对“贱民”的歧视与戒备依然根深蒂固，更有甚者主张通过户籍管理令使得“贱民”无法轻易为良。民国时期的各种调查显示，民国的普通民众对于九姓渔户的歧视丝毫未改，人们对“贱民”依旧抱有强烈的偏见。

这在我们对熟悉解放前状况的九姓渔户老人（73岁）的访问调查中也得到了印证。当时仅凭打扮就能轻易辨别出九姓渔户，老人描述了他们实际遭遇的歧视：“（九姓渔户）上岸时不能穿鞋。捕来的鱼也只能在岸边卖，不能进入街道。当时大家都穿短开襟上衣，腰间绑根绳子。因为不能穿鞋，才有很多光脚的人。”据另一名75岁的男性渔民称，他听祖父提起过：“（九姓渔户）虽然能上岸了，却不能穿鞋，（要是穿着鞋上岸的话）就会遭到当地流氓头子的敲诈勒索。”这说明清末至民国时期，九姓渔户在民间依然没能摆脱“贱民”身份。

在人们依据记忆陈述的船上人家（包括九姓渔户在内）与岸上居民的关系中，除了“贱民”“歧视”等词体现出的激烈矛盾外，还有另一种情形。如上所述，从事航运的九姓渔户在钱塘江水系里承担了内陆地区与以杭州为首的沿海大城市以及海洋间的物流。在马目、洋涯埠、白沙、东铜官等小埠头上，一些航运从业者以叫作“船家长”的家长为中心，他们有各自的固定“地盘”。但这并不意味着商人和农民之间的排他关系也是固定的，凡有血缘和婚姻关系的可以在其他埠头堆货。如果多重社会关系中的某一部分起作用，他们就不必待在某个固定的“地盘”。渔民也是如此，捕来的鱼或直接卖给农民，或卖给鱼贩，这只是基于经济原理的自由交易，并不代表特定群体之间缔结了某种固定的关系。另一典型特征是，农民等岸上居民对九姓渔户的认知匮乏，且漠不关心。与九姓渔户有接触的人十分有限，在调查过程中遇见的岸上居民，几乎没有人知道九姓渔户的实际情况。江南内河渔民和农民之间的关系亦然。故此可以认为，接触较少，对船上生活者的害怕和戒备以及惯常存在的蔑视，这些都是产生歧视的原因。

结 语

曾经的“贱民”九姓渔户广为人知，在戏曲里也偶有出现，但以往的研究中却鲜少对其进行认真探讨，只是提及而已。究其原因，是因为极难获取充分的证据，诚如九姓渔户的起源一样，有陈友谅及其部属后裔之说以及南宋遗臣后裔之说等，众说纷纭，难有定论。

时至今日，随着经济的快速发展和开发的不断推进，有效的史料越来越难以搜集。尽管如此，我们通过在当地的田野调查依然可能挖掘出传统中国的一些记忆。笔者实施的田野调查结果显示了新中国成立前人们对九姓渔户的极端歧视与根深蒂固的偏见，还引出了九姓渔户为正当化“贱民”身份而掺入各种故事来粉饰其起源论的可能。此外，本次调查还揭露了一个事实，那就是，九姓渔户虽然通过山货、水产品等交易与岸上居民有不少接触，却依然无法改变岸上居民对九姓渔户的漠视和无知。田野调查，尤其是口头调查的有效性在于立足于各个讲述人的人生经验和营生等非常具体的层面去理解研究对象，并由此展开对该问题更深层次的想象。

然而，访问调查也受时间界限的约束，从现在回眸过往，最早也只能回溯至1930年代。另外，由于调查对象是独立的讲述者，倾听者需要着眼全体进行遴选，否则就容易迷失在不同的个体故事里。要规避这个问题，定要一直留意研究对象所处的大环境。本章旨在明示九姓渔户的地位，这就必须立足于他们身处的“线”性世界，即始终站在由下层特点各异的“面”构建的浙江社会以及连接这些“面”的钱塘江、富春江、新安江等河流的视角上，去俯瞰式地解读我们从田野调查中勾勒出的具体印象。

（太田出、佐藤仁史）

第Ⅲ部分

扬帆宁波，跨越山海

第六章　漂洋过海之石

第一节　宁波石刻文化及其对日本的影响

般若寺层塔与笠塔婆

位于奈良市区北部的般若寺内，兀立着一座十三重塔（图38）。其高实测有12.6米，是日本国内第二高的佛塔，仅次于京都府宇治市的宇治浮岛佛塔（高约15米）。它由花岗岩制成，立于五层阶梯状的基座之上。最底部一层的塔身上，用线雕刻画了显教四佛[1]的优美之姿。显教四佛通常为浮雕，若是密教四佛，还会一并雕上诸佛的种子（梵字）。像奈良般若寺的这座石塔这样，用线雕在塔身雕刻四佛的例子绝无仅有。现在，除石塔的第二层为后来修补的之外，相轮[2]也是混凝土所

图38　般若寺层塔

1　释迦（南方）、阿弥陀（西方）、药师（东方）、弥勒（北方）。

2　相轮是塔刹中段重要的构成部分，即一圈一圈的环状构件。——编者注

制的复制品（原物置于石塔一侧）。

根据记录，这座石塔在延应二年（1240年）已建成第五层。后来，工程因不明原因延期，竣工的时间延迟到建长五年（1253年）左右（工匠在进行解体修理时，发现了写有建长五年墨书款的法华经外箱）。

除这座十分惹眼的大型石塔之外，般若寺内东隅还有两座南北并立的笠塔婆[1]（图39）。

图39　般若寺笠塔婆

二塔皆为花岗岩制，南塔高4.6米，北塔高4.9米，是日本国内最大规模的笠塔婆。其中，南塔上雕有释迦三尊和胎藏界五佛[2]，北塔上用“药研雕镂法”（雕口截面呈V字形的雕刻方法，即尖底阴刻）雕着阿弥陀三尊和金刚界五佛[3]的种子。不仅如此，这两座塔上还雕有

1　板状或方柱状的石材（塔身）上立攒尖顶的石塔。

2　释迦三尊即释迦如来、文殊菩萨、普贤菩萨。胎藏界五佛是大日如来、宝幢如来、开敷华王如来、无量寿如来、天鼓雷音如来。——编者注

3　阿弥陀三尊即阿弥陀佛、观世音菩萨、大势至菩萨。金刚界五佛是大日如来、阿閦如来、宝生如来、无量寿如来、不空成就如来。——编者注

南北二塔连续的长铭文，为后世提供了许多信息。

根据这些铭文，可知两座笠塔婆是在正元二年（1260年，实际上该年四月已改年号为文应元年）七月，由伊行吉为亡父伊行末的一周年忌日，同时也为纪念母亲（当时仍在世）而建造的。此外，铭文里还记录了伊行末的事迹：伊行末是建造般若寺十三重塔的中心人物。东大寺在平重衡主导的“南都烧讨”[1]中化为灰烬，治承四年（1180年），东大寺即将开始修缮之际，伊行末从中国明州（宁波）来到日本，在以大佛殿石坛为始的诸堂修葺工作中功绩卓著。

记录着东大寺复兴实情的史料——《东大寺造立供养记》（以下简称《供养记》）证实了该铭文的内容，其中记载了东大寺中门的石狮子与大佛胁侍石像，以及四大天王石像，皆是建久七年（1196年）由“宋人字六郎等四人”所造。[2]这四位宋人石匠之中，确有年轻的伊行末。

宋人石匠的故乡

正如本书中反复提及的，宋人石匠伊行末的故乡——港城明州（宁波）曾是中世纪中日贸易里中国最重要的门户。提到宁波周边的主要石刻，首先想到的便是位于宁波市区东郊外的东钱湖周边的石像群。这些石像伫立于史氏家族的墓道前（图40），史氏在宁波位高权重。以下我们称之为“南宋墓前石像群”。

1 平重衡，1157—1185年，平安时代末期武将，平清盛第五子。1180年，他奉其父之命，侵入南都（奈良），烧毁了东大寺和兴福寺两座寺庙。——编者注

2 原文：“建久七年，中门石狮子、堂内石胁士同四天像，宋人字六郎等四人造之。”——译者注

图40　南宋墓前石像群

南宋墓前石像群里除有动物（羊、马、虎）和家臣（武士、文人）像（图41、图42）外，还有牌坊等建筑物。12世纪末，伊行末在东大寺建造石像之时，正值南宋石刻文化的全盛时期，南宋墓前石像群中随处可见的精湛技术可谓代表了中国石刻文化的最高水平。

图41　动物石像

图42　家臣石像

东大寺复兴的重要人物之一，重源（1121—1206年）自述“入唐三度”（三次渡海前往中国），在当时称得上是十足的“中国通”。建造东大寺石像群的同年，即建久七年，重源在宁波郊外的阿育王寺舍利殿修筑之际捐赠了木材，因此与宁波关系颇深。三次访中经历中，他在仁安二年（1167年）与荣西合流，后世才得以在一定程度上追溯到他的足迹。但是，重源一行似乎没有前往彼时的南宋都城杭州，而是游历在宁波周边与天台山等地。鉴于阿育王寺和重源之间曾有过木材捐赠等直接且紧密的联系，可以推测仁安二年重源曾在阿育王寺驻足。

南宋墓前石像群所在的东钱湖和阿育王寺都位于宁波市区东郊，两地之间距离很近，重源极有可能在仁安二年到访中国时就已实际见过这些石像群。或许正因如此，对石像群留下了深刻印象的重源才在亲自重修东大寺之际，招揽来曾参与制作南宋墓前石像群的石匠团队之一。笔者（山川）认为那正是《供养记》中记载的宋人石匠。

东大寺的石狮和石材

言归正传，《供养记》在关于宋人石匠的描述之后，紧接着又写道："若日本国石难造，故遣价直于大唐，所买来也。"大力援建东大寺的宋人石匠们若确为建造东钱湖周边石像群的石匠，那么当时进口的石材也极可能就是南宋墓前石像群中普遍使用的石材。南宋墓前石像群使用的石材多是产自宁波西郊的硬质凝灰岩，名为"梅园石"。东大寺石像群所用的石材很可能正是这种梅园石。

前文提到由宋人六郎建造的石像群中仅有一对雌雄石狮子存世，坐落于东大寺南大门的北侧。东方像为雄狮（图43），高190厘米，西方像为雌狮（图44），高173.5厘米，从巨大的雄性器官可辨雌雄。两座石狮都踞于高高的基台[1]之上，底座高度一致，均为132厘米。底

1 原为木结构建筑的基础，也用于石塔。

座基台雕有升腾状云纹，与同时期以快庆[1]为代表的宋风雕刻样式相似。脚台为托座式。东方像的羽目石（基台的侧板）上雕有双狮戏球与牡丹的纹样，西方像上则雕有花纹、鹿以及飞天等图案。两座石狮的底座采用了佛教设计，是为须弥座（佛像的基座）。

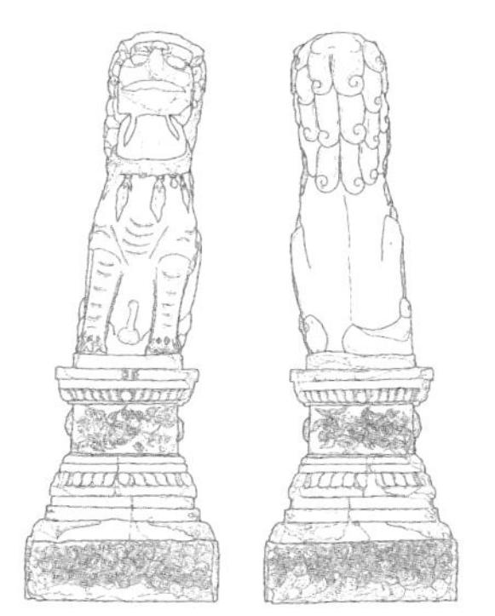

图43　东大寺石狮（东边，雄狮）

图44　东大寺石狮（西边，雌狮）

在宁波周边的石刻上同样出现了东大寺石狮基台羽目石上所雕刻的图案。如天童寺抱鼓石的羽目石（图46）上就有类似东方像上的双狮戏球图（图45），月湖出土的抱鼓石的羽目石上也有与西方像上衔灵芝的鹿（图47）同样的图案（图48）。可见，这些图案与风格也源自宁波。

图45　东方像上的“玉取狮子”（双狮戏球）

1　日本镰仓时代的佛像工匠，在日本佛教艺术史上有着重要地位。——编者注

图46　天童寺抱鼓石的羽目石

图47　西方像上的鹿

图48　月湖出土抱鼓石的羽目石

两尊石狮都呈蹲姿，尾巴的卷尾样式独特，与真正的狮子大相径庭。西方像的雌狮子还有鬃毛。二者均佩有胸饰（暖带）与流苏垂饰。二狮俱开大口，尽显威势。其雕刻技艺之精细、造型之雄伟，超群拔萃。令人不禁感叹宋人石匠的精湛技艺能够完整保存至今，实乃幸事。

经过多名专家的分析，我们得出了一个结论，那就是这两座石狮所用的石材酷似梅园石。结合这一鉴定结果与《供养记》中的表述来看，东大寺石狮子的石材基本可以断定为梅园石。由此，也基本可以证明上文中的假说——建造东大寺石狮等石像群的宋人石匠，就是建造宁波东钱湖墓前石像群的石匠团体之一。

伊行末的作品

本节的关注点是伊行末在东大寺南大门石狮子之后参与建造的石刻。其一，虽然无法确定伊行末是否确为建造者之一，但根据江户时代的史料，位于奈良县室生村的大野寺弥勒摩崖佛（高约13.6米）是由宋人“二郎、三郎、四郎、五郎、六郎”所造（图49）。以往的学说都把他们与《供养记》中的宋人石匠“六郎”四人视为同一批人，并认为伊行末也在其中。据说这座摩崖佛由愿主、兴福寺别当（日本佛寺内掌管一山寺务的长官）雅缘仿造笠置寺[1]摩崖佛而建。大野寺弥勒摩崖佛建成于承元二年（1208年），开光之际，后鸟羽上皇[2]曾莅临此处。

图49　大野寺弥勒摩崖佛

1　位于京都府相乐郡，奈良时代建造，平安时代末期发展成僧人修行的道场，后被烧毁，现存的建筑是室町时代重建。——编者注

2　日本第82代天皇，1183—1198年在位。——编者注

另外，重源为支持东大寺复兴，在全国设立了七处“别所”[1]。其中的伊贺别所[2]里有一石制须弥座，外围刻有狮子戏球等特殊纹样的浮雕（图50）。这种纹样独一无二，一贯被视为宋人石匠的杰作。须弥座上无铭文，无法得知其准确的建造年代，但从伊贺别所的经营时期等信息来看，大约建于正治元年（1199年）到建仁三年（1203年）之间。当然，我们尚未得知伊行末是否参与了该须弥座的建造，但从其独特的风格以及与重源的联系当中仍能窥探一二。

图50　伊贺别所须弥座的纹样

首次在铭文里出现伊行末姓名的，是位于奈良县宇陀市的大藏寺佛塔（图51）。佛塔为花岗岩所制，高度为4.17米。虽然如今仅存十层，但据推测，其原本应有十三层。塔身的月轮内用日式风格雕着金刚界四佛[3]的种子。石塔塔基上刻有铭文，记录了该塔于延应二年（1240年）由“大工”（主要建造者）——“大唐铭（明）州”出身的伊行末所造。顺带一提，伊行末家族在其后的六代里名匠辈出，被

1　开发庄园时，在当地设立的宗教设施（寺院）。

2　现在的新大佛寺。位于三重县伊贺市。

3　宝生（南方）、阿弥陀（西方）、阿閦（东方）、不空成就（北方）。

称作“伊派”石匠。虽然名字里带“行”不足为奇，但中国并无“通字”习俗[1]，因此伊行末家族应留在了日本并传承下来[2]。由此推断，这一时期伊行末在日本社会里已经获得了一定地位。

图51　大藏寺佛塔

说回大藏寺佛塔，与其塔檐厚度不相称的低顶短轴（出自同一石材）及多重塔身（十三重）等重要特征，与同时期京都周边（比叡山石刻文化圈）的石塔（三至五重）截然不同，成为后来日本石塔的典范。主塔的原型是以奈良县明日香村於美阿志神社石塔为代表的平安末期凝灰岩制石塔。大藏寺佛塔是以这一日式风格为参考，用异于凝灰岩的硬质石材（花岗岩）改造而成的。般若寺佛塔就是其风格的延续。东大寺的石狮与新大佛寺须弥座的宋风样式未能在日本扎根，而大藏寺佛塔的造型却在之后成为日本石塔的主流。或许，伊行末的伟大之处就在于将这些日本式样巧妙地融入自己的设计。

另外，雕琢硬质石材时，宋人石匠携带的雕刻工具和小型凿子也发挥了巨大作用。由此，过去难以切割的花岗岩等硬质石材终于可以用作石塔的材料。

伊行末最后制造的，是东大寺法华堂前的六角石灯笼（图52），

1　“通字”为日语“通り字”（とおりじ），指子孙后代继承祖先名字中的某个字的现象。——译者注

2　伊行末之子名行吉，继承了行末的“行”字。中国有避讳的传统，而这正符合日本的“通字”习俗。——编者注

同为花岗岩制，高约2.7米。虽然整体为日本制式，但灯室的设计却别出心裁：灯室上部分成两块，横向雕有“连子”[1]，中部除点火口外纵向分成两块，上半部分纵向雕有“连子”。这种石灯笼的制式被称为“三月堂型”，是后来日本石灯笼的基本形态之一。

图52　东大寺法华堂前六角形石灯笼

石灯笼主干上的铭文为建长六年（1254年）伊行末所留：“奉施入石灯炉一基，右志者为果宿愿所，奉施入之状如件。”般若寺笠塔婆上的铭文显示，伊行末逝于正元二年（1260年），因此，这个石灯笼是他在去世五年前所造。伊行末来到日本的时候仍是弱冠之年，这时也该年近耄耋。名匠迟暮，终了在故地东大寺置石灯一盏，抚今怀昔。

（山川均）

第二节　神秘石塔“萨摩塔”

导语——神秘石塔

在九州西部、鹿儿岛县、长崎县、佐贺县、福冈县一带，有30多座被称为萨摩塔的神秘石塔。我们尚无从知晓这些石塔是何人何时

1　连子，是装钉在寺庙、神社等建筑的窗户上的细木条。石刻上则用平行线来表现。

为何而建，兼之它们异于日本石塔文化的造型，神秘莫测，不断吸引学者对其进行探索。然而，在中国宁波进行的南宋时期墓葬调查为我们提供了查明石塔之谜的线索。那便是——这些石塔使用的石材产自中国宁波。

萨摩塔的发现与命名

关于近代的人是如何发现萨摩塔的问题，要追溯到1950年代。佛教艺术学者斋藤彦松于1958年7月访问鹿儿岛县坊津町时，首次确认其为罕见的“特殊塔”（图53）。这些有悖于日本石塔样式的萨摩塔，在研究早期常被称为“特殊塔”或日本国内未有先例的珍贵“特殊佛塔”，最终于1961年前后定名为“萨摩塔”。1993年，大石一久[1]取得了重大突破。大石一久另外发现长崎县有七座、佐贺县有一座萨摩塔，这表明萨摩塔广泛分布于九州西部。此后，随着各地石塔调查的进一步深入，人们逐渐发现萨摩塔不仅存在于鹿儿岛县、长崎县、佐贺县，在福冈县也有分布。

早在1962年左右，就有人通过萨摩塔上的中式设计和所用石材提出萨摩塔产自中国大陆的假说，但直到近几年才被证实中国大陆确实存在类似的石塔造型和石材。

萨摩塔的造型

我们常见的日本石塔有层塔、多宝塔、五轮塔、宝箧印塔[2]、无缝

---

1 1952年出生于长崎县平户市，曾就职于长崎县文化振兴课、长崎历史文化博物馆。——编者注

2 原为用来存放宝箧印陀罗尼经的塔，后指具有这种造型特征的塔。虽然也有木造和铜造的，但镰仓中期以后，石造的供养塔和墓碑在日本各地出现。

塔等等，其各自特征如下：层塔是由两层以上构成的多层佛塔；多宝塔的塔身呈圆筒形，塔身之上建有一层屋檐，其上又有相轮（或莲花座、宝珠）；五轮塔从下往上分别由方形地轮、圆形水轮、三角火轮、半月形风轮和宝珠形空轮组成；宝箧印塔的基座呈方形，塔身四角装饰有向上翻挑的塔檐，塔顶有相轮；无缝塔是在基座上置莲花座（有些带有柱与中台，有些是须弥座），其上放置卵形塔身。

萨摩塔（狭义）的须弥座上有一圈刻着四天王浮雕的勾栏，上面是刻有主佛浮雕的佛龛状壶形塔身，并兼以塔顶。须弥座也有四角（图53）和六角（图54）之分，加之不在表面进行雕刻而是挖空龛内另造主佛的类萨摩塔（冲之宫塔，图55），组成了广义的萨摩塔。广义上的萨摩塔多由以威震天下的四天王镇守的须弥山为原型的基座，

图53　辉津馆现存的萨摩塔（四角造型，鹿儿岛县南萨摩市坊津町）

图54　水元神社现存萨摩塔(六角造型，鹿儿岛县南九州市川边町清水）

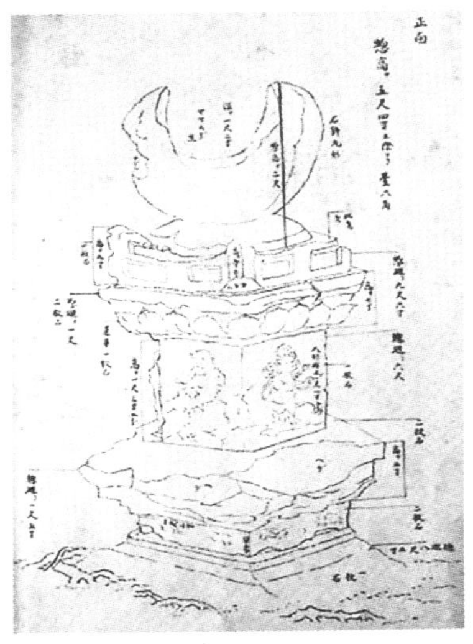

图55 文政五年（1822年）《志志伎冲之宫石钵图/冲岛全图》中所绘冲之宫现存的类萨摩塔（松浦史料博物馆藏）

安置主佛坐镇的佛龛（厨子）以及遮盖佛龛的屋檐组成。

在浙江省和福建省各地，都有与萨摩塔结构类似的石塔。这些石塔的须弥座上立有佛龛（厨子）状塔身，塔身之上建有屋檐与相轮。根据南宋13世纪初的纪年铭，浙江省丽水市“灵鹫寺石塔”（图56）的结构便是如此，在雕有四天王像的须弥座（无勾栏）上安放着非浮雕而是在龛内挖出主佛的佛龛，佛龛上又盖屋檐、立相轮。

图56 万象山公园现存灵鹫寺石塔（六角造型，浙江省丽水市）

这些在中国发现的类似萨摩塔的石塔与萨摩塔相同，须弥座上立有佛龛状塔身，且塔身之上都有屋檐。这些具有同样特征的石塔，被认为是萨摩塔所属的大类。而在这一大类中，又分化出了须弥座上带有刻四天王像的勾栏，且壶形塔身呈佛龛（厨子）状的类别。

然而，虽然学者们在中国发现了造型相似的石塔，却仍未发现真正的萨摩塔。这表明在探究萨摩塔起源时，现阶段从造型着手的方法存在一定的局限性。如此背景下，下节中提及的分辨素材的方法，将给萨摩塔的研究带来深远影响。

宁波南宋史氏墓葬群调查

在宁波郊外的东钱湖周边，散落着许多南宋史氏一族[1]之墓。墓道两侧矗立着特别的石像。因为还未开发，很多石像都保留了原本的面貌。高津随团实地调查，在宁波地区文化学者谢国旗的陪同下，走访了几乎所有可调查的墓葬，并进行了详细的考察和记录。调查过程中，我们得知宁波地区的南宋石雕使用了三种石材，一是东钱湖北部椅子岙的当地石材，二是产自鄞西梅园乡的梅园石，三是太湖石。梅园乡的梅园石是产自白垩纪[2]方岩组地层的凝灰岩。梅园乡附近的光溪乡出产的小溪石（凝灰质砂岩）也开采自同一地层，并同样运用于当时的石刻。太湖石是产自江苏省太湖的石灰岩。随着史氏一族逐渐成为宰相辈出的南宋名门，其墓葬中使用的石材也从本地石材转变为近郊的优质石材，甚至外地的高级石材。

2005年，作为调查的一环，高津等人访问了宁波市西部梅园乡

1　参考《文化之都：宁波》一书专栏“东钱湖墓葬群与史氏”。

2　地质年代划分之一，为中生代最后的时期。约在1亿4400万年前至6500万年前之间（仍有争议）。

的采石场，并采集了梅园石。当时，一行人从中方学者处了解到镰仓时代重建的日本东大寺南大门石狮就使用了梅园石（后述）。适逢研究中国目录学的高津参加了宁波南宋墓葬调查，团队又已掌握宁波石材的使用情况，还采集了梅园石作为重要资料，加上听说了镰仓时代梅园石曾被运往日本用于建造东大寺石狮，地利人和，为探明萨摩塔之谜提供了良机。

萨摩塔的石材

2008年2月17日，中国台湾的林春美（台南艺术大学）为调查妈祖像来到坊津。受协同研究“东亚海域交流与日本传统文化形成”项目成员藤田明良所托，由高津接风。林与高津在桥口的陪同下调查了南萨摩市地区现存的妈祖像[1]，因偶然提及萨摩塔，便一起去考察了据说使用了外国石材的神秘石塔。二人发现，萨摩塔的石材在外观上与宁波产凝灰岩梅园石极为相似。与宁波采集的梅园石进行比较观察之后，二人确认坊津萨摩塔极有可能使用了中国宁波产的梅园石。因此，岩石学专家大木对此进行了科学分析。

幸运的是，南萨摩市教育委员会批准了对坊津萨摩塔样品的采集。将坊津萨摩塔石材与宁波市采石场采集的梅园石制成切片，用偏光显微镜进行观察比对两者的矿物质组成及其特征后，确认二者是高度相似的凝灰岩。此外，通过X射线显微镜确定元素及其分布，又用高速X射线衍射装置明确元素和矿物之后，基本能够认定坊津萨摩塔的石材正是中国宁波产的梅园石。高津、桥口、大木随即先后两次对九州北部地区（长崎县、佐贺县、福冈县）的萨摩塔进行了调查，并

1 也称天后、天上圣母的女神。人们广泛信仰其为航行安全之神。

对包括鹿儿岛县在内的、当时已经确认的约二十座现存萨摩塔尽数进行了基于肉眼和放大镜观察的调查，得出了这些塔的石材与坊津萨摩塔一致的结论。由于萨摩塔是何时、何人、出于何种目的而建的问题一直悬而未决，因此有关萨摩塔的研究一直以来只关注到形制，而这一结论却为素材论的探究提供了崭新视角。通过中国学、考古学、岩石学的跨学科合作得到的这一结论，为认识中世纪的中日交流打开了一扇新的大门。

东大寺石狮与宗像大社阿弥陀经石

在萨摩塔的石材经认定为中国宁波产的梅园石后，我们也随之获得了有关其建造年代的线索。那就是东大寺的石狮和宗像大社的阿弥陀经石。

奈良东大寺南大门的左右两侧，立着两座面朝南方的国宝金刚力士像。其北侧坐有一对被铁丝严实围住的、同被指定为国家重要文化遗产的石狮。根据《供养记》(《群书类从》释家部）记载，建久七年（1196年），重源上人重建东大寺之际，进口中国石材建造了“中门石狮子、堂内石胁士同四天像”。高津于2005年11月在宁波参加南宋史氏家族墓葬群调查时，该石材为宁波梅园石的推断在宁波就已得到公认，反而在日本鲜为人知。后来，我们从中国的新闻报道[1]中得知，最早提出东大寺石狮所用石材来自宁波梅园石的，是长野县上田市龙洞院东堂的村上博优长老。村上长老是曹洞宗僧人，曾多次到访中国追觅曹洞宗始祖道元禅师在中国的足迹。村上长老为与中方商谈日本道元禅师得法灵迹碑立碑之事，于1979年首度造访宁波。以此

1 《东南商报》网站，2008年11月23日报道。

为开端，村上长老早在20世纪80年代就提出了东大寺石狮是为梅园石所造的主张。2004年，根据文献资料以及不同于其他各寺院石刻材料的事实，村上长老更加确定了这一想法。同年2月26日，他访问了宁波鄞江镇梅锡村的梅园石采石场，并与宁波市文物保护专家交流了该发现。村上长老当时虽已是耄耋之年，却有着超强的行动力。或许正是村上长老的这些行动受到了宁波的报道，才使梅园石之说在中国得以广泛流传。当时，中方专家也仅仅是指出了这种可能，即“宋代前往日本的商船经常将梅园石作为压舱石运到日本。除用于增强船体抵抗风浪的稳定性外，还会将石材运至日本作为石雕材料出售。因此，东大寺石狮像很有可能是用梅园石制作的”。2008年8月，由中日石刻研究会主办的“关于东大寺石狮子的研讨会”在奈良市举办。会中，服部仁（原通商产业省地质调查所地质部部长，岩石学专家）根据对梅园石的科学分析和对东大寺石狮子的肉眼观察，指出二者虽是色调相似的凝灰岩，但存在粒径差异，且后者含有火山砾，由此否定了梅园石与东大寺石狮的材质同一性。当前的推测是，东大寺石狮的石材并非梅园石，而是从接近梅园石的地层中采集的同基质石材。即便如此，村上长老在1980年代提出的设想仍具有重大意义，它为日本的石刻研究提供了宁波产石材这一新的角度。

高津、桥口、大木在2008年7月考察萨摩塔的同时，还造访了福冈县宗像市的宗像大社边津宫神宝馆，并考察了国家指定重要文化遗产——“经石 正面阿弥陀如来像 背面阿弥陀经”（以下简称阿弥陀经石）。该经石整体分为经石、基石、盖石三部分。三人认为基石和盖石极有可能是梅园石，而经石本体因江户时代以来多次经受拓本拾取，周身着墨，无法辨认石材部分。阿弥陀经石剥落严重，但能辨认出写着“大宋□□□年”的刻文。由此可以确定，阿弥陀经石建成于中国宋代（960—1279年）。此外，后来添加的刻文中出现的日本年号最早为“承久二年”（1220年），表明其确为来自宋朝的经石。因此，可以说这是在1220年以前，在中国南宋制成后传入日本的珍贵文化遗产。

正因为这些案例中的石材是在12世纪末到13世纪初自中国宁波来到日本的，我们才有必要探讨12、13世纪前后是否为萨摩塔出现的年代。这对于缺乏明确年代信息的萨摩塔研究来说，意义重大。

石材的分布与使用

上一节中提到，在中国浙江省宁波市郊区的东钱湖一带保留了南宋史氏家族的墓葬（图40至42）。这些史氏墓葬的墓道两侧有文武官员、马、虎、羊等石像，有的还有石椅、石笋（仿竹笋形的石柱）和牌坊（中国传统建筑风格的大门）。这些石像的石材主要使用了宁波鄞西地区的梅园石和小溪石。人们使用鄞西地区石材的历史悠久，唐太和七年（833年）修建的水利设施它山堰中使用的就是小溪石（光溪石）。《鄞县志》中对鄞县的石料有如下描述。

建筑石材　本县建筑石材开发历史久远。以鄞江桥所产的小溪石和梅园乡产梅园石较为闻名。两种石材均产于方岩组（K_1f）地层中。小溪石采自紫红色—浅紫色泥质粉砂岩、砂岩、砂砾岩中。岩石层理薄且均匀，近于水平，节理少，可直接顺层剥制板材，或加工成条石、块石，用于建房，铺路、架桥、筑塘堰、凿刻碑牌等，销宁波等地。小溪石采场有光溪村上化山与悬慈村宕山两处。梅园石产于梅园山采场，岩石为褐灰色凝灰岩。因单层厚度较大，难以顺层剥成板材，但可按任意块度加工，加之石质均匀细密，作碑碣装饰雕刻甚佳。[1]

另外，关于方岩组地层（K_1f）记载如下：

方岩组（K_1f） 出露于鄞西平原边缘凤岙到鄞江桥一带及平原孤丘上，其余多被平原区第四系地层覆盖。该组岩性下部为灰紫色砂砾岩，砾岩夹紫红色粉砂岩；中部为灰紫色中细粒砂岩，粉细砂岩，泥质粉砂岩夹砂砾岩及少量薄层状凝灰岩，沉凝灰岩和泥灰岩透镜体；上部（未露出地表）以紫色夹黑色泥质粉砂岩为主，间夹凝灰质砂砾岩。总厚度≥1734.0米。[2]

梅园石是一种褐灰色凝灰岩，属于以在河流湖泊等淡水中沉积形成的地层为主的白垩纪方岩组地层。

现在被称为“梅园石”的中国浙江产石材，是白垩纪方岩组地层中包含的灰紫色凝灰岩。根据《中华人民共和国地质图集》，浙江省出露的白垩纪方岩组地层最北分布在宁波及附近的天台周围，其余大部分在内陆方岩地区，即金华、兰溪、衢县(今衢州市衢江区）周边；在江苏省，该地层分散出露于从南京北岸到句容、溧水、宜兴一带；福建省的白垩纪方岩组地层分散出露于内陆山区，海岸线一带则完全没有。此外白垩纪方岩组地层还广泛出现于山东省东南部。尚不明确这些地层中是否含有与梅园石相同的石材，也不确定它们是否曾经被用作石材。

明州（宁波）在宋代是首屈一指的中转站，在元代依然是连接

1 《鄞县志》第二编第一章第三节矿藏。

2 《鄞县志》第二编第一章第一节地质。

日本的重要窗口。并且，在航线扩张的时期，杭州、温州、台州、福州等港口城市附近，除台州以外没有任何含有与梅园石相同石材的地层。考虑到中世纪中日贸易路线的因素，再加上梅园石被广泛应用于南宋史氏一族墓道石像等石刻的事实，兼之科学分析表明了两者在元素组成上的一致性，我们有理由判断坊津萨摩塔使用的正是明州（宁波）产的石材。

年代论的发展

井形进（九州历史资料馆）对萨摩塔的年代论做出了重要贡献。2008年，井形对首罗山遗迹（福冈县久山町）的萨摩塔及其伴生物——一对宋风狮子进行了分析。他通过与日本残存的十件宋风石狮作形制对比，推测出首罗山遗迹的宋风狮子建于13世纪中期。另外，关于首罗山遗迹，他提到“13世纪中叶，宋代文化与宋风文物在日本的影响达到顶峰，从这一背景中可以窥见造型的频繁变化是如何形成的”，“首罗山遗迹的萨摩塔，是13世纪，即中国南宋时期的作品”。

此外，关于还未发现纪年铭文资料的萨摩塔，井形于2011年解读了长崎县平户市志志伎神社中宫萨摩塔其中一座上的阴刻铭文拓本。经其解读，塔上刻有“元□三□□八月□”的纪年，推测为日本年号“元亨三年”（1323年）。这对于萨摩塔年代的相关研究来说，可谓划时代的发现。

2010年4月20日，在宁波发行的中国地方报纸《东南商报》刊登了一篇题为《“江南兵马俑”户口查到了》的报道。“江南兵马俑”指的是宁波郊外东钱湖周边宋代墓葬的墓前石刻。这些东钱湖石刻群一直被认为是南宋时期的石刻，此次发现表明其年代可追溯到北宋晚期。所谓“发现”，是指在鄞江镇光溪村毛家自然村附近的采石场里发掘出的三件半成品石刻（分别为石虎、龟趺、文臣）。东钱湖石刻群主要采用了梅园石、小溪石等当地石材，它们都产自出露于宁波西部的方岩组地层。但方岩组地层的出露区域很广，这些石材具体采自何处依旧不明。然而，此次与东钱湖石刻群使用了相同石材的半成品石刻的现世，使具体的采石地点终于得以明确。

关于这三件半成品石刻的制作年代，从宋代石雕及其鲜明的北宋风格来看，大致为北宋晚期至南宋初期的作品。这些石刻都还未完成，至于其未完成的原因，一般认为是由于石材本身有裂缝，在进入细节雕刻阶段后裂缝愈发明显，最终作废。根据2012年12月的调查，这三件半成品石刻的石材应是在地层分布上与开采小溪石的地层一致的、酷似梅园石的凝灰岩。然而这种石材由于某种原因产生了裂缝，并不如梅园石那般适用于石刻，据说在当地被称为“假梅园岩”。由此看来，这些石材曾在北宋至南宋初期用于石刻，但不久就被同样产自方岩组地层中的、均质无层理的凝灰岩梅园石所取代。故而可以推测，宁波地区将梅园石用作石刻材料，已是南宋之后的事情，我们遂认定与梅园石相同的萨摩塔石材也是在南宋以后才获得运用的。再者，考虑到对适合制作石刻的中国白垩纪方岩组地层石材的挑选也经历了一段过程，因此粒子细小、酷似梅园石的萨摩塔石材应该出现得比粒子粗大的东大寺石狮更晚。

总结萨摩塔年代研究的现状，可以得到如下结论：根据中国白垩纪方岩组地层的石材使用情况来看，从石材的角度可以推测其年代最早为南宋初期，即1127年以后。另外，由于萨摩塔的石材是最宜制作石刻的优质石材，其制作年代可能晚于东大寺石狮。

建造者之谜

我们先整理一下现已明确的萨摩塔相关信息。

第一，《宇美八幡境内绘图》中描绘了天正十四年（1586年）前的风貌，而其中就画有现存的宇美八幡宫萨摩塔，由此表明其建造年代应为16世纪以前。

第二，从长崎县平户市志志伎神社中宫萨摩塔上的纪年铭中解读出了“元□三□□八月□”的纪年，从而可推定该萨摩塔为元亨三年（1323年）所建。

第三，从与遗迹的相关性中推断出首罗山遗迹的萨摩塔为13世纪的产物。文献资料里，久家孝史（松浦史料博物馆）指出弘安七年（1284年）注进状的誊本中有“多宝塔一座”的记述，并推测其指代的是冲之宫塔（类萨摩塔）。

另外，上述的石材论也从来源于中国白垩纪方岩组地层石材的使用情况中推测出萨摩塔石材最早出现于南宋初期，即1127年之后。再加上萨摩塔的石材是最宜制作石刻的优质石材，故此推断萨摩塔的建造年代应该晚于文献中记载的，即用建久七年（1196年）伴随东大寺重建而进入日本的中国产石材所造的东大寺石狮。

不宁唯是，承久二年（1220年）以前，宗像大社“阿弥陀经石”自南宋传入日本，其部分构件又使用了与坊津萨摩塔相同的浙江产石材，故被断定为中国产石材所造。外加阿弥陀经石与刻有南宋纪年铭资料的灵鹫寺石塔（1216—1218年）相似，推测其建造年代应在13到14世纪中叶，相当于中国南宋至元朝以及日本的镰仓时代。

关于萨摩塔的建造地，最有可能的便是中国浙江地区。同时也存在进口中国产石材之后，在日本（九州地区）制作的可能性。这就像东大寺重建时的石刻一样，既可能是由宁波（明州）石匠来到日本建造的，也可能是日本石匠所制的中式风格。然而，各处的萨摩塔之间既有中国浙江产石材这一素材上的共性，同时又主要分布在与中国隔海相望的九州西部，现阶段看来，萨摩塔是在中国建造后通过船舶运到九州各地的可能性最大。

萨摩塔的建造主体，大抵是滞留日本的中国商人，或掌管筑地周边的日本本土地方势力。对此，今后还需联系建造年代及宗教背景等因素，探讨萨摩塔的分布与传入。

至于萨摩塔的建造意图，因前面提到的南宋灵鹫寺石塔是祭奠祖先的供养塔，由此能够推测萨摩塔极有可能也是供养塔。但不可否认的是，在传入日本之后，萨摩塔的作用也可能随着时代发展产生了变化。

萨摩塔的分布与意义

萨摩塔主要分布在与中国隔海相望的九州西部，且平户周边多于博多周边。这意味着萨摩塔的建造文化可能首先从中国传入平户周边，然后经由海上传播到北至福冈平野周边，南及萨摩半岛。虽然前节中提到萨摩塔的建造时期推测在13到14世纪中叶，然而萨摩塔那与集中在博多的文物截然不同的分布方式，仍需要我们思考更多。

另外，萨摩塔的分布仅限于九州西部地区，说明萨摩塔并没有进一步融入日本社会，这对于探究萨摩塔的建造者非常关键。与为满足日本社会的巨大需求而进口并广泛传入日本国内的主要文物不同，从这种有限的分布来看，萨摩塔可谓九州地区独特的文物资料，并与商人等从事中日贸易人群的生活、日常活动及特殊信仰等息息相关。

这种分布，与流传各地并为大众所熟知的宝箧印塔等石造物的传播路径也相去甚远。或许是因为一方土地的特殊信仰，或许另有他因，总之，萨摩塔的传播最终止步于日本国的边缘地带——九州西部。也许正是因为萨摩塔的独一无二，其建造意图、建造者与建造年代等信息在漫长岁月中才逐渐被人们遗忘。

自20世纪50年代斋藤彦松在萨摩坊津发现萨摩塔以来，萨摩塔终于在石塔研究中亮相，再次受到了人们的关注。如今，萨摩塔与中国石刻及石材的关系逐渐明了，但这些“谜之分布的石塔”仍令学者们捉摸不透。

（高津孝、桥口亘、大木公彦）

专　栏　越窑

越窑贸易品与日本

越窑是位于浙江省东部的青瓷窑。青瓷，指施以青釉的坚硬瓷器。越窑历史悠久，在战国时代就已出现，而其中的青瓷制造始于东汉并没落于南宋前期。越窑的炉火燃烧了约1200年，所造瓷器在江南地区独领风骚。中国的窑多被冠以地名，越窑便得名于其窑场的主要所在地——越州。越窑作为窑名，大抵是在唐代开始扬名天下的。

越窑窑场的所在地位于浙江省省会杭州市东部的杭州湾以南一带。此处以东的宁波市曾被唤作明州，是这一地区最大的对外贸易港口，且因是唐代日本遣唐使的登岸港口之一而闻名。许多学问僧和留学生都将瓷器带回了日本，因此越窑在日本也闻名遐迩。

浙江越窑附近还有两大窑，一是位于现温州一带的瓯窑，六朝时瓷业发达；二是位于现金华市与武义县一带的婺州窑，唐代最盛。中国国内一直致力于区分越窑与这两大窑所产的瓷器，博物馆里的展品也都标注了产地的不同。然而，对于外销瓷，其他国家则一律将三者同视为越窑瓷器。日本的博物馆也并未对这三种窑作严格区分。这是因为对各个古窑址的调查尚不充分，还未找到能够明确三者区别的特征。但除了等待实地考古调查的进展以外，我们别无他法。

越窑瓷早在唐代就已广销海外，西至波斯湾及非洲东部，东至朝鲜与日本，滋育了各贸易国的陶瓷文化。这一影响从唐代延续到宋代。除了从中国国内的游牧民族——辽人的墓葬中出土了高级越窑瓷器外，越窑瓷还传到了朝鲜半岛并引领了高丽青瓷的生产。

将越窑青瓷大量带入日本的应是遣唐使。从存世的瓷器推测，大部分越窑青瓷都作为茶具与其他金属器皿一同流入日本。北九州各地出土了大量越窑瓷器，尤以中晚唐出土物的典型代表玉璧形底碗[1]居多，足见越窑瓷器作为茶具的需求之大。在当时，这种形状的碗多作为代表唐朝文化的茶碗之用。越窑青瓷从浙江的港口跨越东海到达北九州，后自濑户内海经由淀川而入京城，这便是当时的主要贸易路线。不知是否因为越窑瓷器的进口量无法满足日本国内的需求，9世纪前半叶到后半期，平安京出现了模仿越窑瓷烧制的低温绿釉[2]瓷。这种仿越窑青瓷似乎曾被用作高级青瓷——秘色瓷（后文将会提及）。

1　日语称“玉璧形底”为“蛇の目高台”。见图57。——译者注

2　覆盖烧制品表面的釉里含铅量高，并在1000℃左右的较低温度里烧制，在着色剂中使用铜并用外焰烧造的釉色发绿的瓷器。

图57　荷花芯窑址的玉璧形底碗（蛇目高台碗）

越窑的地址

位于杭州市和宁波市之间西侧的绍兴地区，因是战国时代越国都城所在地而闻名，旧名会稽郡，是江南屈指可数的“粮仓”。绍兴周边是河流遍布的低湿地带，而越窑正是在这会稽郡的文化基础上发展起来的。现在，绍兴已成为杭州与宁波之间的核心城市。

越窑窑址（遗址）大致分布在慈溪上林湖周边窑区、绍兴上虞窑区、明州东钱湖周边窑区三处，但这只是分布较为密集的区域。三大窑区之下，又形成了不同的地区窑，其下还有个别民窑。窑场之多，仅慈溪、余姚地区就有300余处，堪称凡有人烟之地均在烧制瓷器。从杭甬高速余姚出口往北行驶一小时，就能到达越窑最大窑址——上林湖窑址。上林湖窑址的近郊已是新城，单侧两车道的通途旁，三层新楼林立，十分繁华。古窑址所在的上林湖对公众开放，游客可游览湖畔的越窑窑址。

越窑的产品

周长超过20公里的湖岸上散布着120多处古窑址的窑址群，那便是上林湖窑址。其中，位于南岸的荷花芯窑址（图58）始于唐中期，窑址中保存有一座唐代龙窑[1]，周围散落着包括瑕疵品在内的各种窑具碎片。1993年和1995年的两次调查显示，荷花芯窑址为多层遗址，从唐代到北宋时期一直进行瓷器烧造。从唐代窑址的地表可见，瓷片的散布面积为1400平方米，堆积层达2至3米。瑕疵品中有许多常见器物，例如与日本进口物有同样玉璧形底的青瓷碗，水注、汤瓶等用来倒水或其他液体的带把壶，以及用于收纳化妆工具的盒、香炉等等。其中，青瓷碗在所有产品品类中占比最高，达七至八成。后来的宋代窑址瓷片中，大小碗、盘、钵则多达九成以上。

图58　荷花芯窑址

越窑青瓷器的色彩多为灰度较高的青绿色和黄绿色，整体稍暗。这是由于其原料大多是从湖底打捞上来的黏土，杂质较多。也有灰度较低的亮青绿色器物，因其色泽近似玉石而在各个时代都被作为越窑产高级青瓷收入宫中。之后，这一釉色成为青瓷的模范，又见诸耀州

1　荷花芯窑址是一座背靠铁锚山、能眺望上林湖的窑场，建造在斜坡上的龙窑（在斜坡上架设拱形结构的筒状窑）全长42米，宽2.5～3.2米，平均斜度为13度。

窑[1]和龙泉窑[2]青瓷。

晚唐时期，越窑还烧造有一种高级青瓷——秘色瓷，多为专供宫廷的贡瓷。秘色瓷的制作方式也与一般瓷器大有不同，使用了特殊的匣钵[3]作为窑具。“秘色瓷”一词虽出自唐诗，人们却在很长一段时间里都不得而知其实物如何。直到1987年，在与越窑距离甚远的陕西省法门寺[4]宝塔地下出土了13件秘色青瓷碗盘以及记有“瓷秘色”字样的石碑（“监送真身使随真身供养道具及金银宝器衣物帐”碑），晚唐秘色瓷的实物才终于公之于世。越窑高级青瓷虽然得名秘色瓷，“秘色”的真正含义却不为人知，大致可以解释为青瓷所呈的神秘色彩。越窑秘色瓷的烧造从晚唐一直延续到了宋代。五代的秘色瓷延续了晚唐风格，瓷器表面不施装饰，十分素朴。北宋初期，秘色瓷器愈发精巧，瓷器表面盛行刻画花纹装饰。碗、盘类瓷器中还有一部分在口沿与底足装饰有金银镶边，别致豪华。

越窑制瓷一直持续到12世纪中叶的南宋。之后，随着浙江省西部的龙泉窑、江西省景德镇窑和福建省诸窑的兴起，越窑日渐衰落。

（水上和则）

1　位于陕西省西安市以北100公里的黄堡镇，极大保留了北宋越窑技法，是华北的青瓷烧造窑。

2　以浙江省西部龙泉市以南40公里的大窑金村为中心，拥有巨大窑系的中国最大青瓷窑。

3　不同于用耐火材料制成的匣钵，用与制品的坯土同样的材料制成的匣钵被称为瓷胎匣钵。其具体作用至今不明，并且只在越窑窑场里有所出土。

4　陕西省扶风县法门寺是一座供奉释迦牟尼真身（佛指骨舍利）的古刹，唐代时与宫廷有着密切联系。1981年夏，恰逢暴风雨，法门寺宝塔倒塌，塔台地宫出土了许多唐代的珍贵文物。唐代末期的皇帝懿宗于咸通十四年（873年）三月，将佛指骨舍利请入长安三天，命宰相以下人人礼佛。法门寺宝塔地宫出土的文物就是当时的供品。在地宫里发现的清单“衣物帐”中，留下了“瓷秘色”的记载。出土文物上均有874年的纪年铭，是非常珍贵的资料，也是秘色瓷在现代的初次亮相。

第七章　跨越大海的神明

第一节　“海”之神——观音信仰与日本

小序

平安初期的承和五年（838年），日本时隔三十年再次向唐朝派遣遣唐使。世人以当时的年号称呼这批最后的遣唐使为“承和遣唐使”。6月17日，遣唐使船从博多出港，沿着九州北岸航行，在五岛列岛[1]北端的宇久岛短暂停靠之后，朝着唐朝一路驶入中国东海。

作为遣唐使一员入唐的天台僧圆仁[2]在其日记《入唐求法巡礼行记》（卷一，同年六月二十四日条）中记录道，在为前往唐朝而航行东海的船上，遣唐大使藤原常嗣“画观音菩萨，请益、留学法师等相共读经誓祈”。为什么遣唐使一行人在东海之中，要特意描画观音菩萨像并献上祈祷？为什么观音菩萨会出现在航海中？为解开这个疑问，需要探索观音菩萨与大海以及航海的紧密关联。

1　日本九州西海岸外群岛，属长崎县。——编者注

2　794—864年，日本天台宗创始人，留唐近十年。——编者注

观音菩萨与航海

普遍认为，观音信仰形成于公元1世纪左右的印度。后来，通过大致编纂于公元1至2世纪的《法华经》“观世音菩萨普门品”一章，这一信仰得以壮大。此外，这一章经常被人们拿来单独诵读，有时也叫《观音经》。在《法华经》的这一章中，讲述了观音菩萨现三十三种应化身普度众生以及只要虔诚呼唤观音名号就能从各种危难中得到救度等传说。观音菩萨所救七难之中，就包括了救度漂流到罗刹鬼岛的海商（罗刹难）。另外，由七难进一步扩展而来的十二难中，也提及观音救度海上漂流者（水难）。普遍认为，这些经文的创作源自古代印度人与传说有罗刹鬼居住的狮子国（现在的斯里兰卡）等地进行贸易时的南海贸易史以及他们对航海安全的祈祷。由此可见，观音菩萨在这一信仰形成之初，就已经与海洋和航海紧紧联系在了一起。

另一部讲述观音菩萨与航海之密切关联的重要佛经是《华严经》。据推测，《华严经》是在3世纪左右的中亚集多部独立经典之大成而编纂的重要经典，其中讲述了佛陀所得妙旨以及释迦牟尼佛成道前的修行过程。其中名为“入法界品”的长篇章节中，一位叫作善财童子的年轻人为求道参访了菩萨、僧人、医师、商人、妓女（婆须蜜多）、神灵等五十三位善知识[1]并接受教诲的故事。善财童子在游历途中参访的第二十八位就是观音菩萨。“入法界品”中，善财童子拜谒的观音菩萨住在名为“Potalaka”的山上，中国佛典中常译为“补怛洛迦”“补陀落”等。补怛洛迦山位于印度半岛南端，海上交易繁盛。据推测，该处既是过往船只的航标，同时也作为祈祷航行安全的圣地

1 “知识”意为朋友。因此，在佛教中，常把教导并引导自己走向正道的信仰伙伴称为“善知识”。

而受人信奉。作为观音菩萨之居所和道场而形成的Potalaka信仰，随着观音信仰的扩散传播到了亚洲各地。中国西藏的布达拉宫与舟山群岛的普陀山、朝鲜江原道的洛山、日本的那智山与日光山等都被当作补怛洛迦圣地，香火不绝（参照第Ⅰ部分第二章第二节）。

如上，观音信仰的重要基础《法华经》和《华严经》中反映出了观音菩萨与航海、海上贸易之间的紧密联系。这种联系的历史背景是在《法华经》和《华严经》之源的佛典成立之时。彼时，古印度的海上贸易就已十分活跃，且从事贸易的人们常祈求观音菩萨保佑航海安全。也有人推测，这种与航海安全相关的观音信仰，早在公元300年左右的印度就已经出现。而且，印度形成的观音菩萨保佑航海安全的信仰，也伴随观音信仰的传播流入了亚洲各地。

此外，南朝梁慧皎在6世纪所著的《高僧传》（卷三）中记载，5世纪前半叶自海路来到中国广州的印度僧人求那跋陀罗在前往中国的途中，船只于东南亚海域因风停而无法前进。在饮用水即将耗尽之际，他咏诵观音菩萨的名号，幸免于难。像求那跋陀罗这样经由海路来到中国的印度高僧们，极有可能在守护航海的观音信仰从印度传播到中国的过程中发挥了重要作用。

日本的信仰

观音菩萨在其信仰形成之初，就是海上航行的守护神。小序里提到的承和遣唐使们，正是向观音菩萨祈祷能够平安到达唐朝。观音菩萨传入日本的确切时间已无从考证。不过，到了7世纪后，随着观音菩萨造像和观音信仰相关文字资料的出现，观音信仰于这一时期的日本已经在一定程度上扎根下来。但遗憾的是，还未发现7至8世纪里人们将观音菩萨奉为航海守护神的史料。关于这一信仰最古老且可靠的记录，现在已知的就只有前文所述的承和遣唐使的相关记载。

除了这份遣唐使的记载以外，还有同为平安时代初期的神话传说，即13世纪临济僧虎关师炼[1]编纂的日本佛教史书《元亨释书》（卷九）中收录的关于兴福寺僧人安愿的传说。

> 释安愿，居兴福寺，精修勤励。时人号安愿菩萨。承和二年（835年）秋，赴但州。暴风俄来，愿船将覆。愿不动，心念观自在尊。于时，海上空中，忽起白云，当愿之顶垂下。一舡怪看。云中现金色大悲像，长六尺许。愿及众人，瞻仰嗟叹。于此乎，猛风即止，怒涛自恬。舟人无艰，稳到彼岸。

虽然后半部分中观音菩萨的出现乃后世的创作，但若其中提到的航海危情与祈祷观音菩萨救度是真实发生过的，这便成为日本关于航海守护神观音菩萨的最早的记录。从以上两例可知，虽然奈良时代之前的情况不详，但在平安时代初期，作为航海守护神的观音之信仰确实已在日本开花结果。

紧接着，在平安时代后期，即11世纪后半叶，天台入宋僧成寻在其入宋日记《参天台五台山记》[卷一，延久四年（1072年）三月十六日条]中，记述了他在即将渡海赴宋之际，“每日念圣观音咒一万遍，风天真言一万遍，祈乞海安”。其中吟诵关于观音菩萨的咒文，固然也源于对航海守护神的信仰。

到了镰仓时代，渡宋记录《漂到琉球国记》中也有类似记载。宽元元年（1243年），一艘从日本开往宋朝的贸易船在东海上遭遇猛烈

1　1278—1346年，日本临济宗僧人，出身京都，擅长诗文。——编者注

的暴风雨之时，船上的人们噤声诵念观音菩萨保佑。此外，成书于13世纪后半期的叙事集《古今著闻集》（卷二）中也收录了建长元年（1249年）左右渡宋船遇难之际，人们在船上诵读《观音经》从而死里逃生的传说。根据这些传说，当时与宋日贸易相关的人都信仰着观音菩萨，并将其视作航海守护神。

再者，13世纪初将曹洞宗传入日本的道元禅师[1]相关传记《建撕记》中也记录了道元在回国途中遭逢暴风雨，幸得观音菩萨相助、平安脱险的传说。然而，这本传记是在15世纪编纂完成的，这个传说很有可能也是后世创作出来的故事。如此一来，这则传说证明了在室町时代前半期即15世纪的日本，观音菩萨已经作为航海守护神而深受世人信奉。

据13世纪临济僧无本觉心[2]的《鹫峰开山法灯圆明国师行实年谱》中记载，建长六年（1254年），觉心乘坐自宋返回的归国船在海上遭遇风暴，他取出随身携带的观音菩萨画像祈祷，顿时拨云见月、风平浪静，终于平安回到博多。虽然该记录中有关天象的部分很有可能是后来的创作，但这本年谱是觉心的徒孙自南圣薰所著，且其著作时期推测为14世纪。鉴于此，这条记录完全能够作为镰仓时代末期至室町时代初期与观音信仰有关的实证。

到了室町时代，中日贸易的相关史料中也出现了观音信仰的有关记载。例如，16世纪前叶，遣明副使策彦周良[3]的入明记录《策彦和尚初渡集》[卷上，天文七年（1538年）三月十八日条、同八年（1539

1 1200—1253年，日本镰仓时代初期僧人，日本曹洞宗创始人。——编者注

2 1207—1298年，镰仓时代僧侣，日本临济宗法灯派始祖，曾到访中国求法。——编者注

3 1501—1579年，室町时代末期临济宗僧人，曾两度到访大明，其日记《初渡集》和《再渡集》广为人知。——编者注

年）三月十八日条；卷中，嘉靖十八年（1539年）六月二十五日条]中提及为祈祷遣明船航行顺利而诵读《观音经》之事，以及在前往明朝的海上遭遇风浪、航行受阻时，众人呼唤观音菩萨从而脱离险境之事。无独有偶，应仁二年（1468年）的遣明船记录《戊子入明记》中也提到遣明正使需要准备的物品内就包含一幅观音菩萨画像。而且，在祈求航海平安的《船中祈祷忏法》里，观音菩萨也名列祈愿对象之中。如是，日本在室町时代就已信奉观音菩萨为航海守护神是为确证。

其后的江户时代里，同样留下了许多能够证明航海守护神之观音菩萨受到人们信仰的史料。例如，这一时期遗留的诸多漂流记中，19世纪中叶阿波国[1]船的漂流记录《幸宝丸漂流记》里就记载了漂流在太平洋上的阿波国船船员向京都清水寺主佛观音菩萨祈愿并求签占卜前途之事。与此同时，彼时的造船业内，观音菩萨也作为保佑船只安全的神明而备受推崇。例如，船匠唐津流于17世纪后期制作的关船木构件尺寸书《关船之书物》的末尾，就画有十一面观音的画像并书有"十一面观世音"之字。造船业的其他相关文献中，还有大阪著名船匠金泽兼光在18世纪后期所著的船舶百科全书《和汉船用集》（卷二）里，提到了当时日本人广泛信仰的船之守护神舟玉（船灵、船魂）与观音菩萨乃是一体的说法。

再则，江户时代的船员们在遭遇船难时，会剪掉发髻祈求神佛救度。青森县西津轻郡深浦町的圆觉寺里保存了许多江户时代后期，北

1　位于日本四国岛东部，今德岛县境内，东北是播磨滩，东临纪伊水道，南面是太平洋。——编者注

前船[1]的船员们为谢主佛十一面观音助其渡过船难之恩而供奉的“髻额”（绑上了发髻的“绘马”，即日本寺庙里的许愿木牌）。这些都是反映观音信仰的珍贵民俗资料。

以上各种历史资料表明，至少从平安时代初期以来，观音菩萨作为航海的守护神一直受到日本人民的信奉。从北海道到冲绳，全国各地都有“观音崎”“观音崎鼻”“观音鼻”“观音岬”等以观音菩萨命名的海角，可见观音信仰的影响之深。这些地名应当也基于同样的信仰——祈求观音菩萨保佑过往船只能够平安穿越海上的重重险关。

朝鲜的信仰

在与中国接壤的朝鲜半岛，佛教传入的时期要比日本早得多。佛教大约在4世纪传入高句丽、百济，而传入国家成立稍晚的新罗则是在6世纪左右。并且，6世纪的百济就已制作有观音菩萨像，可知至少在当时，观音信仰已经在朝鲜半岛流行开来。

但是，此时作为航海守护神的观音信仰是否已经传入朝鲜，尚无定论。残留的朝鲜古代文字资料本就比日本少得多，从与高句丽、百济、新罗同时代的文字资料中很难找到关于作为航海守护神的观音信仰的记录。不过，虽然编纂年代较晚，但在13世纪高丽僧人一然[2]的《三国遗事》（卷三）以及同为高丽僧人的了圆的《法华灵验传》（卷下）等书中，找到了关于该信仰的寥寥记述。其中有一个传说，讲的是一个叫长春的人因母亲信仰观音的功德而在海难中奇迹般得救的故

1 从江户中期到明治时代初期在北海道和大阪之间的西部航线上往来运营的船只，通常被称为千石船、弁才船等。——编者注

2 1206—1289年，高丽中期的史学家、僧人。俗名金见明，字一然。其著作《三国遗事》记载有新罗、高句丽、百济三国及以前的不少历史资料和文学作品，具有重要的史料价值。——编者注

事。这一故事的背景大概是在8世纪中叶的新罗。当然，这是佛教传说，无法全盘认定为史实，但从中依然能够窥见统一新罗时代的观音信仰中也包含了救度海难的蛛丝马迹。

到了高丽时代，除了上述的《三国遗事》《法华灵验传》之外，同时代的文字资料中也发现了作为航海守护神的观音菩萨信仰。例如，建造于高丽中期1180年的“宁国寺圆觉国师碑”的碑文中记载，在航行途中遭遇风暴的圆觉国师，通过诵读《观音经》摆脱危机、平安靠岸。在海上暴风雨中，圆觉国师之所以咏诵《法华经》“观世音菩萨普门品”，自然也是因为观音菩萨具有航海守护神的属性。

另外，14世纪的日本禅僧梦岩祖应[1]的诗文集《旱霖集》中收录了几首以漂流到出云的高丽渔民为题材的汉诗。在其中一首诗中，就可以看出高丽渔民对观音菩萨的信仰。虽然这一例并未直接表明对于作为航海守护神的观音的信仰，但它依然是非常珍贵的参考史料，反映了观音信仰在高丽渔民之间十分盛行。这一信仰当中也极有可能包含了对守护航行的信仰。

除上述文字资料以外，在民俗传说中也能看到一些与作为航海守护神的观音信仰相关的有趣例子。在位于朝鲜半岛南部的济州岛上，有叫作“YONDON[2]”（以下译为永登祭）的传统习俗，这个节日的起源传说如下。

非人非鬼的永登（音译）为解救漂流到独眼小僧国的渔夫们，一边诵念“观音菩萨”，一边划船命众人返回故乡的港口。渔夫们得以平安归来，而永登却被愤怒的独眼小僧们杀死。从此以后，济州岛人

---

1 ？—1374年，日本南北朝时代临济宗僧人，出身于出云（今岛根县）。——编者注

2 英文作Yeongdeung，济州岛上在农历二月会举行相关的祭祀仪式，祈求风平浪静和海产丰收。——编者注

为了吊慰永登之灵，开始举行祭祀活动。

基于这一传说，济州岛在二月一日至十五日举行永登祭，节日期间禁止一切乘船、捕鱼等海上活动。这则关于永登的传说中最为有趣的是，“观音菩萨”的名号竟然是为从独眼小僧国逃离、平安渡劫的咒语。故此，这个传说的梗概正是基于前文提及的《法华经》“观世音菩萨普门品”中罗刹难救度的内容，也是印证航海守护神观音信仰的典例。

在1488年从济州岛前往朝鲜半岛途中遭难的崔溥[1]所著《漂海录》[弘治元年（1488年）闰一月十六日条]和几乎在同一时代成书的行政地理书《新增东国舆地胜览》（卷三十八）中，也有关于济州岛永登祭的记录。从中可知，济州岛的永登传说及祭祀活动至少可以追溯到15世纪后期。这也就意味着，这一祭祀的起源传说中反映出的以观音菩萨为航海守护神的信仰，在15世纪左右的济州岛就已经存在。

张汉喆[2]在乾隆三十五年（1770年）从济州岛前往朝鲜半岛途中遭难，他所著的《漂海录》（同年十二月二五、二六日条）里，也提到了同样的观音信仰：人们在航海途中遇到了一条可能打翻船体的危险大鱼——鲸鱼，在其经过船舷的时候，船上的人们念诵“观世音菩萨”，祈祷上苍与观音菩萨能将他们从危难中解救出来。

如上，即使在前近代的朝鲜半岛，将观音奉为航海守护神的信仰也一直存在。

---

1 1454—1504年，朝鲜全罗道罗州人，明弘治元年（1488年）在海上遭风暴袭击，最终在中国官员和百姓的帮助下返回朝鲜。《漂海录》即是对这次遭遇的沿途记录，是研究明代历史的重要史料。——编者注

2 济州岛儒生，1770年乘船赴京城汉阳参加科考，不幸遭遇大风，经历海上漂流。《漂海录》即是对这次遭遇的记录，日记体形式，以汉文写成。——编者注

观音道场——中国普陀山

在中国浙江省宁波以东，舟山群岛的各个岛屿横亘于海面之上。其中有一座周长约三十公里的小岛，名为普陀山。此岛自古以来就是中国最大的观音道场，天下闻名。其岛名自不必说，得名于前述《华严经》中观音菩萨的居所“补怛洛迦”。然而，为什么这个远离历代王朝中心的东海小岛会成为如此重要的观音道场？我们不妨通过梳理其历史背景探寻答案。

观音菩萨何时成为中国盛行的宗教信仰？人们又是从何时开始将其奉为航海守护神？对于这些问题，我们很难知晓准确的年代。不过，5世纪初的《高僧法显传》或许可以作为航海守护神信仰的早期证明。东晋的入竺僧法显[1]从印度由海路途经东南亚回国时，在途中遭遇了暴风雨。混乱之中，他祈求观音菩萨保佑，成功脱险。由此可知，至少在5世纪初，中国就已经奉观音菩萨为航海的守护神了。

此后的整个六朝时代，观音信仰风行一时，《光世音应验记》（南朝宋，傅亮）、《续光世音应验记》（南朝宋，张演）、《系观世音应验记》（南朝齐，陆杲）等各种观音显灵的故事相继问世。这些故事中，当然也收录了观音菩萨于江河湖海中救度水难的传说。从这些例子中可以看出，在5世纪以后，尤其在南朝盛行的观音信仰中，将观音菩萨奉为航海守护神的信仰已十分普遍。

话说回来，普陀山这座岛缘何能够成为观音菩萨的一大道场，关于9世纪中叶日本入唐僧惠萼[2]的传说里就提到了这座道场开创

1　337—422年（？），为了收集佛教典籍，法显于399年从中国出发，途经中亚入竺。412年绕道东南亚，经海路回国。

2　生卒年不详，平安时代前期临济宗僧人。——编者注

的由来。13世纪中期，南宋志磐[1]编纂的佛教史书《佛祖统纪》（第四十二）中有如下记述。

> 唐宣宗大中十二年（858年）。日本国沙门慧锷（惠萼），礼五台山得观音像。道四明将归国，舟过补陀山附着石上不得进。众疑惧祷之曰：若尊像于海东机缘未熟，请留此山。舟即浮动。锷哀慕不能去，乃结庐海上以奉之。

如此，日本僧人惠萼开创观音道场普陀山的传说，在13世纪前叶的明州（宁波）地方志《宝庆四明志》、14世纪后半叶盛熙明所撰的《补陀洛迦山传》等中国编纂的书籍，以及上文提到的13世纪日本佛教史书《元亨释书》中也有记载。另一边，12世纪前半叶出使高丽的北宋外交使团的记录——徐兢《宣和奉使高丽图经》（卷三十四 · 海道）里却提到了不同的传说：新罗海商欲乘船载观音菩萨像回国时，经历了与惠萼传说里相同的奇遇，于是，他们将观音菩萨像供奉在了普陀山上。

关于普陀山观音道场的创设背景，有由日本僧人开创与新罗商人开创两种传说。这些传说中提到的开创时期为9世纪左右的唐末，但我们未能找到这一时期或更早的相关史料，最终也未能从现有的史料中得出普陀山成为观音道场之契机的确切结论。

即便如此，12至14世纪有关普陀山观音道场的文献中，都记载了日本僧人或新罗商人等外来者开创道场的故事。这一点至关重要。由此可见，普陀山之所以成为观音道场，并不仅仅是因为中国国内

1 南宋僧人。籍贯、生卒年不详。居四明福泉寺，学天台教观。——编者注

人民的信仰，而且形成于包括日本、朝鲜半岛人民在内的国际海上贸易。故此，普陀山可谓真正的国际道场。

另一值得关注的地方在于，这些记录普陀山成为观音道场的文献里，都将其创立时间设定在了日本僧人或新罗海商往来频繁的唐末时期。回顾东亚地区的海洋史，日本僧人和新罗海商们正是从9世纪前后开始频繁往来于该海域。由此可以推测，普陀山的观音道场诞生于东亚海域上人与物的繁盛交流之中。

正因为普陀山是国际化的道场，才有了12世纪中国张邦基所著《墨庄漫录》（卷五）中“寺有钟磬铜物，皆鸡林商贾（即朝鲜商人）所施”的记述。其中还提到“海船至此，必有祈祷”，更是体现了岛上的观音菩萨能够保佑航行平安。另外，还有如日本15世纪中叶以东洋允澎[1]为正使的遣明使记录《允澎入唐记》[享德二年（1453年）四月六日条，景泰五年（1454年）六月二十二日条]中记载的，遣明使在入明和归国途中拜谒了普陀山的观音菩萨。从这些记录里，我们再次确认了这种以普陀山供奉的观音菩萨为航海安全守护神的信仰是多么具有国际性。

顺便一提，成寻的入宋记录《参天台五台山记》[卷一，延久四年（1072年）四月二日条]中也记录了一事。他入宋时搭乘的宋商船停靠在舟山群岛的一座名为“东茄山”（现东岱山）的岛屿上，海商们上山拜谒山顶的泗州大师堂。所谓泗州大师是唐代的高僧，死后化为观音菩萨的化身，受世人信奉。如此看来，这些宋海商参拜泗州大师堂就是为了向观音菩萨祈祷，其最大目的正是祈求航海平安或感谢保佑。成寻的记录表明，舟山群岛除了普陀山之外，还有其他几处供

1 生卒年不详，室町时代僧人。1453年到达宁波，十月入京，翌年返日。——编者注

奉观音菩萨的道场。由此可以推测，在这一整片海域里形成了国际化的观音道场。

结语

总而言之，中国、朝鲜以及日本自古以来就信仰着作为航海守护神的观音菩萨。当然，这种信仰最初主要通过汉译佛典从中国传播到朝鲜、日本等地。另外，特别是在9世纪以后的东亚海域里，新罗海商和唐朝海商之间的海上贸易发展迅速，往来于这一海域的人流量也大大增加。为了祈祷航海平安，创设国际化观音道场的时机也随之成熟。最终，既是中国国内航线要冲，同时也是连接朝鲜、日本等国的国际航线要冲的舟山群岛成为观音道场，名声大噪。《华严经》“入法界品”里描述的观音菩萨居所Potalaka（补陀洛迦）就是“海岛”，而舟山群岛和普陀山正好符合此等特征。通过这一“海上观音信仰”的渠道，前近代日本与东亚各国得以切切实实地联系在了一起。

（山内晋次）

第二节　日本伽蓝神与宁波诸神

伽蓝神与寺院

大家可曾听说过“伽蓝神”？“伽蓝”指寺院及其主体建筑，而守护寺院的神便称为“伽蓝神”。日语中的“がらんどう”（Garando），汉字写作“伽蓝堂”，即祭祀伽蓝神等神灵之地，现在用来表示空旷的场所。至于为何会有如此大的语义变化，笔者也一直百思不得其解。许是因为伽蓝堂里，神明已经消散，独留佛堂空荡荡吧。人们对伽蓝神如此陌生，甚至忘却了伽蓝堂的本义。

言归正传，寺院和神灵之间的联系本就十分紧密。印度教的战神塞犍陀（Skanda）在佛教里便成了韦驮天，乃护法天神。日本的神道教中，也有许多神灵是为寺庙的守护神，例如比叡山延历寺的山王权现，以及奈良兴福寺的春日明神等等。京都八坂神社的牛头天王也被认为是祇园精舍的守护神。八坂神社原名“祇园社”，是祇园祭的举办地。但是，由于明治时代的神佛分离令，牛头天王变为了素戋呜尊（スサノオ神，也叫须佐之男命）。

在中国，常把道教或地方民间信仰的神灵当作寺院的守护神。这些守护神在广义上同为伽蓝神。现在去到中国的寺院，几乎随处可见关帝（三国时代的关羽）作为伽蓝神守护寺院的景象。或许正因如此，如今在中国一提到“伽蓝神”就会联想到关帝。不过，清代以后才出现了这种倾向，在那之前，各地曾存在过形形色色的伽蓝神。

对此，与其调查当今中国的寺院，不如调查日本的寺院更为直接。日本的临济宗、曹洞宗以及黄檗宗等禅宗寺院，致力于将中国寺院的原貌带入日本，因此，它们大都保留了宋明寺院的传统结构，甚至连当时的许多伽蓝神也都原原本本地传入了日本。

伽蓝神的代表：招宝七郎神

有一神，名为招宝七郎，是过去伽蓝神的代表，深受世人崇拜。

去到日本任何地方的曹洞宗寺院正殿，都可以看到正中央供奉的释迦如来，正对如来，左侧的是达摩祖师，另一侧还有一座抬手远望的神，衣着中国王侯贵族服饰，这就是招宝七郎神，又名大权修利菩萨。曹洞宗之所以如此重视招宝七郎神，是因为传说道元禅师从中国返程之际，正是此神守护着禅师一同东渡日本。除曹洞宗外，临济宗的很多寺院里也供奉着招宝七郎神（图59）。

图59 招宝七郎神（福岛，广觉寺）

如今在中国已经很难见到招宝七郎神的身影。对招宝七郎神的崇拜在宋代到明代之间盛行一时，到了现代已十分衰微。

明代小说《水浒传》中，对梁山泊的英雄豪杰张清就有“张清手起，势如招宝七郎”的描述。当时的读者只要看到这一描述，大概就能想象出他抬手的姿势了吧。招宝七郎神曾经就是如此家喻户晓。

另外，在小说《西游记》的前身《西游记杂剧》中关于三藏法师天竺取经的故事里，除了孙悟空、哪吒等众所周知的人物以外，还加入了招宝七郎。剧中叫作“回来大权修利”，当时是在中国南方广为人知的神仙。

宋代，日本僧人成寻来到中国，留下了记录当时情况的《参天台五台山记》一书，其中就提到招宝七郎是“有名的伽蓝神”之一。

招宝七郎神曾经作为寺院的守护神而受人崇拜，可与清代关帝比肩。然而，民间信仰的存亡关乎人气，受到推崇的神仙香火旺盛，不受推崇的则被无情遗忘。由明自清，对关帝、八仙、妈祖等神仙的信仰日趋鼎盛，而对招宝七郎神的信仰却渐渐衰亡。如今的中华大地上，还有几人记得招宝七郎之名呢？

宁波的航海神

招宝七郎神与宁波地区原就关系匪浅。宁波往东临海处有座山，名为“招宝山”，过去开往宁波的船只都以这座山为航标。据说从海上来到中国的旅人最先看到的便是招宝山，因此山上留下了一座刻有“第一山”的元代石碑（图60）。

据说招宝七郎曾居于招宝山上，其职责是守护航海的船只。招宝七郎神所持远望之姿，也被认为是为了守护船只或观察恶劣天气而作。故此，招宝七郎就是“海神”，即航海之神。

图60　宁波招宝山“第一山”碑

作为航海之神的招宝七郎，还以其他形态在各地留下了痕迹。

长崎的平户曾经是日本的重要贸易港口。这里与中国之间的贸易往来频繁，居住着很多华人。众所周知，明末收复台湾的郑成功就出生在这里。

平户以前有一座名为“七郎宫”的神社，曾坐落于面朝海岸的中心地带，现在却只剩遗迹，被供奉在龟冈神社（图61）。根据传说，人们出海时要从这个神社前经过，以祈海安。七郎宫里供奉的神叫作“七郎氏广”。

七郎氏广乍看是日本的神灵，但实际上根据记录，它还有“绍法七郎”的称号。换言之，七郎神正是招宝七郎。

图61　平户龟冈神社里并祀的七郎宫匾额

此外，九州各地也都保留着七郎神社，大抵是从招宝七郎信仰中派生出来的。虽说如此，但其形象已经完全化为了日本的神灵。

除守护航海安全外，招宝七郎还负责河流上的航行安全。在中国，海神有时兼为水神，招宝七郎便是如此。在中国的大江大河上，特别是作为贸易中转站而繁荣的地方，有时可见“七郎庙”。

浙江建德就有一座七郎庙。建德的开元寺，其原身便是七郎庙，最初供奉着七郎神以及同为水神的东海龙王（图62）。然而，开元寺里的七郎像，却是在描写北宋武人大展身手的著名故事《杨家将》中登场的杨七郎之像。在当今中国，如果只是单纯地提及七郎，人们就会联想到杨家将的杨七郎。虽然招宝七郎原本的形象在现代已被完全遗忘，但就像七郎庙一样，它的痕迹仍保留在中国南方各地。

图62　浙江建德七郎庙（开元寺）

事实上，在宁波阿育王寺的舍利殿里，至今还立着招宝七郎伸出一只手的塑像，只是鲜少有人知道那便是招宝七郎。日本的伽蓝神招宝七郎，大概就源自阿育王寺。

现在，在福井的永平寺、镰仓的寿福寺以及京都的相国寺等地，仍能一见古时的招宝七郎之姿。

另一位伽蓝神：祠山张大帝

与招宝七郎齐名的伽蓝神代表，还有祠山张大帝。其神像曾广泛存在于禅宗寺院内，以“五山”[1]最为出名。

南宋时期，中国的灵隐寺、天童寺等名寺并称“五山”。日本也效仿制定了五山制度，之后划分出建长寺、寿福寺等镰仓五山，与建仁寺、东福寺等京都五山。这些五山寺院之中供奉的伽蓝神，大部分都是祠山张大帝。京都泉涌寺现已不属于禅宗，但曾与中国渊源颇深，其中也有祠山张大帝的塑像（图63）。

1　即“禅宗五山”，分别为径山寺、灵隐寺、天童寺、净慈寺、阿育王寺。“五山”后还有“十刹”。——编者注祠山张大帝虽然已经衰落，但中国仍保留着这一信仰，因此还能一探究竟。据《三教搜神大全》[1]记载，祠山张大帝最初是在安徽广德的祠山供奉的汉代的张渤[2]，后流行开来。张大帝也具备水神的属性。宁波以北的江苏一带多信仰此神，尤以太湖周边最盛。

图63　京都泉涌寺的祠山张大帝

尚不知祠山张大帝缘何成为伽蓝的守护神，成寻的记录中也没有出现张大帝的字眼。唯有江户时代的禅僧无著道忠[3]在《禅林象器笺》中提及"祠山张大帝，归宗寺土地，与兰溪和尚有因缘，建仁寺祀之，为土地神"，与兰溪道隆[4]渊源颇深。

另外，祠山张大帝常常与被认为和冥界掌簿判官、与大黑天身姿相似的"感应使者"（日文为"感応使者"）一同受祀。关于感应使者是否为张大帝手下名为"方使者"的神灵，目前还没有确凿证据。

1　全称《三教源流搜神大全》，共七卷，元代成书，明代完本，作者不详。——编者注

2　据传说，张渤是汉代的治水英雄，在江南苏浙皖一带疏通江河，化害为利，受到百姓的敬仰。也有传说称其是远古时期大禹的治水助手。——编者注

3　1653—1744年，江户时代中期临济宗僧人。——编者注

4　1213—1278年，日本镰仓时代自宋东渡日本的临济宗僧人。建长寺开山祖师。

名称不详的伽蓝神

现在遗留下来的伽蓝神中，镰仓的建长寺、寿福寺和京都的东福寺等寺院里供奉的多是招宝七郎、祠山张大帝、掌簿判官、感应使者中的几位。但除此之外，还有许多名称不详的伽蓝神。

例如，镰仓的寿福寺里就供奉着三尊伽蓝神。其中一尊呈伸出一手的姿态，可见是招宝七郎；另一尊手执笏，经鉴定为祠山张大帝；剩下一尊则不明正身。建长寺里供有五尊伽蓝神，其中三尊明显是祠山张大帝、掌簿判官、感应使者，另两尊则难以分辨（图64）。

图64　建长寺众伽蓝神中的四尊，分别为祠山张大帝、掌簿判官、感应使者等

大休正念[1]在镰仓时代东渡日本，根据他的记录《念大休禅师语录》，寿福寺的三尊伽蓝神分别是“摩诃修利、白山、祠山”。其中，可以明确“摩诃修利”指招宝七郎，“祠山”指祠山张大帝，剩下的“白山”很难认为指代日本的白山明神，但有可能是中国的白山神。

据推测，中国的白山神就是宁波天童寺的太白山龙王。但天童寺现存的伽蓝神承袭的却是印度祇园精舍的传说，即为波斯匿王（Prasenajit）、祇陀太子（Jeta）、给孤独长者（Sudatta，又名须达多）

1　1215—1289年，南宋时期临济宗僧人，1269年东渡日本。——编者注三者。这些伽蓝神前方的牌位上，清楚地写着“太白龙王”（图65）。或许这块牌位上记录的才是本土的古老传说。可以推测，寿福寺和建长寺中手持如意的伽蓝神，应该就源于天童寺的太白山龙王神 。

图65　天童寺太白龙王牌位

还有一些可能也是从中国传到日本的伽蓝神。据成寻《参天台五台山记》记载，中国的伽蓝神有“山王真君、东岳大帝、五通神、白鹤灵王、平水大王”。其中，山王真君即为日本的山王权现，东岳大帝为泰山府君。平水大王是招宝七郎的别称，但在浙江现已指代其他神仙。

所谓山王，指的是浙江天台国清寺的伽蓝神，王子晋[1]。白鹤灵王指的是被浙江一带奉为白鹤大帝的赵炳[2]。此处提到的伽蓝神主要来自浙江地区，皆为成寻亲见，且都有可能传入了日本。建长寺中未明正

1　亦称王子乔，姬姓，为周灵王长子，自幼修道，后驾鹤飞升，道教尊称其为右弼真人，统领桐柏山。——编者注

2　东汉时期道士、医师，浙江东阳人，也被看作海上保护神。——编者注

身的伽蓝神兴许就是其中之一。但最有可能的还是梵天（Brahma）、帝释天（因陀罗，Indra）等印度教伽蓝神。

另一种可能在东渡日本后才成为伽蓝神的，如灵泽龙王。

此神原为杭州径山寺（万寿寺）的伽蓝守护神。现在的径山寺（图66）中，伽蓝神早已变为常见的关帝，但在其后殿内，仍供奉着灵泽龙王[1]。

图66　径山寺（万寿寺）山门

灵泽龙王曾是备受欢迎的伽蓝神，直至今日，中国各地的寺院中都仍留有其痕迹。这也是因为径山寺位列“五山”之首，影响甚广。

我们依然认为中国“五山”所在的宁波、杭州一带的诸神是伽蓝神的主体。未来我们仍有可能发现这些神灵远涉重洋来到日本的不同踪迹。

（二阶堂善弘）

1　径山寺龙王殿供奉着白、青、黑、赤、黄五色龙王神，灵泽龙王即黑龙神。其余分别为白龙神义济龙王、青龙神广仁龙王、赤龙神嘉泽龙王、黄龙神孚应龙王。——编者注

第八章　近代的宁波商人与中日贸易

第一节　宁波商人连接的中国与日本

此处，我们将探讨上海开港后，近代宁波及宁波商人与日本之间的关系。对于近代的日本和日本人来说，宁波地区本身未必会引起他们的强烈兴趣。然而，宁波作为对外贸易港之一，出身宁波的商人在上海形成了极大势力，甚至在日本面向亚洲的贸易据点——神户的侨商中也占有一席之地。

宁波的对外贸易里几乎没有直接出口海外的商品，大部分都依赖上海转运。与出口相比，从外国进口的货物直接进入宁波的比例略高。即便如此，宁波对上海的依赖度在整体上仍居高不下。虽然不同时期的情况有所波动，但19世纪后半叶到20世纪初，宁波的贸易一直处在上海的荫翳之下。

然而，有趣的是，宁波商人在上海却十分活跃。明治时代的外务官员楢原（井上）陈政[1]在《禹域通纂》中指出，宁波商人在上海等地有几近垄断贸易之势。他在《清国商况视察复命书》里也认为，宁波贸易之所以依赖上海，正是由于宁波商人在上海市场的“跋扈之势”。

1　1862—1900年，日本著名汉学家，本姓楢原，过继井上家故改姓井上，曾作为外务官僚在中国广泛游历。——编者注持有这种见解的并非栖原一人，“台湾总督府”幕僚编纂的《宁波府记事》中同样记录了宁波商人在上海市场里的威势。20世纪后，《中国经济全书》（第七辑）里将宁波商人在上海贸易中的活跃情况连同具体人数一并整理了出来。由此可见，在近代某一时期内，掌控日本与上海间贸易的正是宁波商人。接下来，我们将共同探索他们在日本和中国之间进行了哪些货品交易，换言之，两个国家在“生活”上到底有着怎样的联系。

第二节　宁波的出口货物：从茶叶到棉花

开港后的一段时间内，宁波主要的出口物是茶叶。但从19世纪70年代后半开始，茶叶的出口额开始减少，之后一直萎靡不振。20世纪初期的宁波海关贸易报告中，出口商品的顺序变为棉花、茶叶，凸显了棉花对出口贸易的巨大影响。受1898年杭州开埠的影响，宁波的贸易额有所减少，特别是徽州茶贸易几乎都转移到了杭州。因此，与茶叶出口额相比，宁波的棉花出口额上涨了1.7倍。另外，1900年的贸易报告指出，宁波出口到上海等地的商品总额之所以增加，其主要原因在于当年的棉花丰收，甚至出口到日本等海外地区。

自1882年起约十年间的宁波海关贸易报告中指出，棉花的出口量增加始于1889年。根据1892年的贸易报告，出口贸易中棉花量的增加尤其值得关注，除了运往华南各港口外，大部分棉花都经由上海出口到了日本。翌年的贸易报告中还提到，宁波创办了蒸汽动力的轧棉工厂，并从日本进口了大量手动轧棉机。同时，这一年从宁波由民船运往上海的棉花有九万九千担（一担100斤，即50公斤），运往福州及福州以南地区的约有五万担。其中，运到上海的棉花多用于出口日本。这份贸易报告的记录体现出，日本纺织业的发展促使宁波扩大了棉花种植。从1892年到1910年间的贸易报告来看，其间的一大贸易特色是在国内需求量不减的同时，棉花的出口量增加了六七倍。伴随着棉花的出口，日本产棉纱、火柴等生活用品和海参、海带等海产品也源源不断地进口到了宁波。

如上，从19世纪80年代末开始的十余年间，宁波的棉花出口取得了大幅增长。据《中国经济全书》（第八辑）记载，运到上海的棉花分别来自上海、通州、宁波、汉口、太仓等各个原产地或集散地。品质上，通州棉位列第一，其次是太仓、上海棉，而宁波棉与出自汉口的棉花则排名最末。宁波棉虽颜色白净有光泽，但纤维较短。在上海交易的宁波棉中，也有产自绍兴府萧山县、上虞县、余姚县等地的棉花。产量最大的是余姚县，其次为萧山县的安昌。宁波出口的棉花大致生产于横跨绍兴、宁波两府的杭州湾南岸地区，并经由宁波与上海出口到日本。

第三节　从日本到宁波：生活用品与棉制品的进口

鸦片的消亡与火柴的普及

正如宁波出口海外的货物大多从上海出港一样，从外国进口的货物多数也会先进入上海，因此宁波的直接进口额较少。虽然各个时期里宁波的直接进口额有所不同，加之宁波也曾从东南亚和台湾地区直接进口白砂糖，或从日本直接进口煤炭，但就清末的整体趋势而言，宁波的洋货进口仍高度依赖上海。然而，也正是因为倚赖上海，宁波商人们才能掌控这些进出口商品贸易。

1877年的宁波海关贸易报告中指出，宁波的商圈正在被上海侵蚀，比起较为贫穷、购买力较低的象山、台州、舟山等地，应该开辟从绍兴府下与钱塘江流域的杭州到兰溪、衢州之间的商业线路。同一份报告里还记录了这一年从外国进口的商品比例，分别为鸦片58%，棉制品22%，毛织物3%，五金（铁、铜等金属）8%，其他9%。其中还有白砂糖，海带等海产品，以及火柴、窗玻璃等生活用品。

在这一时期里，鸦片进口占了相当高的比例，但19世纪80年代以后，鸦片的进口逐渐减少。1882年的贸易报告把这一年的进口额较上一年有所减少的原因主要归咎于鸦片。再下一年的贸易报告中把贸易总额较1882年减少的原因也归于鸦片进口的减少。取而代之的是，棉纱布和火柴等工业品的进口比例上升。根据1904年的贸易报告，来自上海等地的再进口商品里，棉布居首位，占总额的约33%，而鸦片则不到棉布的一半。20世纪初的比例较19世纪70年代后期发生了逆转。

1902年，稻石镰藏作为农商务省海外实业实习生被派往浙江，在宁波、绍兴、杭州等地从事商业调查。稻石在报告书中提到，宁波销售的日本商品有棉线、火柴、洋伞、海带等。回顾20年前的日本对华贸易，海产品的出口量高居首位，其余主要是矿物与食品，可见，近期日本产的纤维产品和生活用品也开始出现在中国市场。不过，稻石也指出这些货物都收购自日本的华侨商人或上海同行。这些从日本经由上海进口到宁波的商品，再通过宁波销往内地，其中火柴最多。

1882年至1892年十年间的宁波海关贸易报告中记录了火柴进口的动向，其中提到1891年的进口额是20年前的20倍，而其原因便是火柴价格的持续下跌和火柴自身的便捷性。基于当时的实际情况来看，火柴的便捷性不言而喻，而正是因为价格的持续下降，火柴才得以普及。为低价做出贡献的，正是日本产的火柴。1871年，火柴的市价为每罗[1]一两左右，19世纪90年代初则降至原来的五分之一。19世纪70年代初，宁波进口的火柴皆为瑞典产的安全火柴。19世纪70年代中期开始，日本产火柴进入市场与之竞逐。到了19世纪80年代，日本产的火柴开始逐渐占领市场。

日本产的火柴之所以具有如此高的竞争力，便是因为其低廉的价格。根据1889年的贸易报告，日本产的火柴比瑞典或德国产的火柴便宜了20%～30%。次年的贸易报告即预测欧洲制造的火柴即将退出市场，而上述十年间的海关报告则印证了宁波进口的火柴大部分为日本制造。除火柴外，日本出口到中国的主要生活用品还有洋伞、钟表、纽扣等。20世纪初，洋伞市场被日本产品所垄断，其强大的竞争力同样在于低廉的价格。以1902年为例，中国进口的洋伞中，日本制造的洋伞占总量的91%与进口总额的77%。这些生活用品多产自阪神（大阪、神户）地区，出口则依赖于日本华侨。

从海产到棉线、棉制品

甲午战争之后，日本对华出口的商品结构发生了明显变化。火柴等生活用品居高不下的同时，近代工业品棉线则取代海产品跃居首位。20世纪初又有些许变化，棉布也进入行列。1907年中国进口的300万两以上的日本商品，按金额顺序排列依次为棉线、煤、火柴、铜、棉线以外的棉制品、木材，而海产品刚满300万两，排在其后。

---

1 数量单位。一罗即十二打（144个）。

棉线以外的棉制品中，棉布的金额约为260万两。虽说基准是300万两以上，但棉线的进口额超过1400万两，与其他货物相差悬殊。

中国的日本棉线进口情况在1895年略少于2万担，价值28万余两。据1901年刊行的《中国通商》记载，1893年日本的棉线出口额还不足1万日元。甲午战争后，棉线出口量急剧增加。1896年，日本棉线的消费量远远超过英国棉线，加之后者的进口量减少，两者之间的差距不断扩大。然而，印度棉线依然占据上风。上述概况同样适用于上海的棉线进口。上海进口的日本棉线在当地的消费很少，据1900年的统计，96%进口到上海的日本棉线都被运往其他港口。其中自然包括宁波。

1894年起，宁波的日本棉线进口量开始增长。1893年，棉线进口量从1892年的16944担骤减至7761担，在1894年却增加了2841担。虽然尚未恢复到1892年的水准，但重要的是增加的份额中含有1376担日本棉线以及660担中国国内的机纺线。1894年的贸易报告指出，英国棉线已经在宁波市场上销声匿迹，印度棉线也紧随其后。待到甲午战争结束，中国国内建设纺织厂之后，它们便将被日本与中国棉线所取代。

诚然，事情的进展并未如预期般顺利。但日本棉线在宁波的进口量稳步增长却是不争的事实。

日本商品的去向——内地市场

经由上海进入宁波的进口商品，即洋货，并不全部用于本地消费，还被销往内地市场。大致来说，宁波销售洋货的商圈在钱塘江以南。但1882年至1892年间的宁波贸易报告显示，洋货的销售地除了宁波府，在浙江省内还有绍兴、金华、处州（今丽水市）、衢州各府，甚至远销江西省广信府（今上饶市）、安徽省徽州。这些地区对棉制品、金属、石油等的需求较大。《清国商况视察复命书》中就提到了宁波在甲午战争后的内地市场，除上述地区外，还包括温州、杭州、台州和严州（今建德市）等地。

下面我们按商品种类列举若干具体事例。根据1870年的贸易报告，从宁波进口棉布（即洋布）最多的是衢州，其次是广信、绍兴、金华、杭州。到了1871年、1872年，处州和严州也进口了大量洋布。这几年间，洋布还销售到了钱塘江以北的嘉兴、湖州两府。虽然无法确认这种状态是否长期持续，但在甲午战争后、杭州开埠之前，宁波的商圈依然较广。1878年的贸易报告中记录了五金的销售情况，除宁波府内，绍兴、严州、金华府兰溪、衢州以及钱塘江流域各地都有进口。1886年的报告里只简单提到，宁波洋布的主要市场为衢州和处州，且火柴、石油等在内地的销售量也有所增加。

根据《清国商况视察复命书》可以进一步了解甲午战争之后宁波面向内地市场的洋货销售情况。首先必须指出的是，温州和杭州虽然也从宁波进口洋货，但其数量几乎可以忽略不计。从洋货需求较大的地区来看，洋货最大的市场是处州，与洋线布一样。另外，洋布市场虽广泛分布于衢州、绍兴、徽州、严州等地，但日本制造的商品在各地却都销量甚少。洋线的市场根据规模大小依次为台州、绍兴、金华、衢州等。无论何处，印度棉线的销售量都是第一，日本棉线和宁波纺织厂生产的棉线也已占据相当份额。日本制造的商品中，火柴在市场上占有绝对优势，且其最大的销售地就是绍兴。除了上述商品以外，进口自日本的商品中销量较多的还有海产品。

《通商汇纂》175号（一九〇〇年九月二十五日）根据杭州领事馆的报告，刊登了一篇名为“清国浙江省上游地方视察复命书”的报道。虽然范围仅限于钱塘江上游地区，但由此依然能够了解到各府的洋货销售情况。

首先是杭州府。在萧山县义桥镇，来自宁波的商品被称为“南货”，主要包括日本产的火柴、洋布，还有石油等。富阳县则是洋伞、煤油灯、毛巾、棉布、火柴、肥皂等等。报道称，进口日用品的商业前景十分广阔。其次，严州府里的进口日用品也极其畅销，桐庐县与建德县中心区的商店里，经营东西洋杂货的店铺繁多，分别售有洋伞、煤油灯、毛巾、棉布、火柴、肥皂等。金华府兰溪县的进口日用品销售较严州府更为繁盛，即便是同样的东西，当地人也更加偏好高品质的商品，因此该地专营东西洋日用品的商店多达十七八家。

再往钱塘江上游，洋货的销售情况开始有所变化。据报告，金华府金华县的进口杂货店，与兰溪相比可谓规模极小，不仅商品品质低劣，销路也不佳。衢州府的龙游县和常山县也有销售与其他各地相同的进口日用品，但质量较差且销售额较少。龙游县的商店里卖得最多的是国产日用品。西安县又与此二县不同，市内有许多经营洋布、洋伞、煤油灯、火柴等进口商品的店铺，品质也同兰溪一般多为上乘货。然而，据说其中很多店铺主要面向上游地区进行批发销售，因此大量洋货并非由当地人消费，而是跨越省界销往了广信府。

第四节　宁波商人与中日贸易

上海的宁波商人

1867年的宁波海关贸易报告已经指明，宁波商人掌握着各种交易，包括在宁波收购茶叶与棉花后经由上海出口海外，以及将棉布、生活用品等进口至上海后再通过宁波销往内地市场。负责撰写报告的是一位在宁波海关任职三年的外国人税务司，在此期间，他切身感受到了宁波人的经商才能绝非虚言。他还指出，宁波商人与上海联系紧密，和外国商人并无竞争。

从进口商品来看，宁波商人主要经营上海的鸦片、棉布、日用品及粮食市场，而外国商人则主要经营直接进口宁波的商品。这一年，棉布和毛织品的进口量都有所增加，但这些进口纺织品的交易也受宁波商人掌控，他们在上海进行了大量收购。也就是说，宁波的商人与上海的宁波商人之间存在进口商品的交易，外国商人则只能参与直接进口到宁波的商品交易。

1870年的贸易报告提供了关于洋布交易更详细的信息。当时，宁波的洋布交易已被中国商人垄断，外国商人几乎无法插手销往内地的业务。他们也曾试图与之竞争，却都徒劳无功。不仅是洋布交易，据1882年至1892年间的宁波海关贸易报告所述，外国商人已经放弃与中国商人之间围绕商品进出口交易的竞争。报告中列举了宁波商人在洋布贸易上占据优势的两点原因：一是他们与上海商人之间的密切合作，二是他们灵活运用了与外国签署的条约中的税制。

宁波商人的另一巨大竞争力源于行会，行会为宁波商人与上海之间的合作做出了重要贡献。根据1873年的贸易报告，这一年6月，中国洋布商人与省当局协商，通过每年缴纳一定数额的税金，使宁波匹头公会会员在往绍兴、金华等内地市场销售货物时免于纳税。故此，或许是出于维持税收的动机，海关决定，中国商人在内地销售洋货时也同样适用子口税[1]。后来的日本调查书中也报告了这种经营洋布的宁波商人行会，并提及“洋布公所”由11家商店组成。

地方商业税厘金由行会承包纳税，最初仅限于洋布交易，1873年的报告指出，纺织品以外的进口商品仍需按原来的规定纳税。但是，行会的结成和税收优待在之后逐渐扩大到了其他行业。1881年的贸易报告指出，进口五金也由行会垄断，锡、铁、煤炭的内地销售采用承包纳税制度。结果，外国商人就被逐渐排除在外。

1870年的贸易报告指出宁波商人的有力竞争优势在于和上海商人的合作，行会使得这些合作获得了累累硕果。1880年的贸易报告表明，宁波的洋布交易被行会垄断，外国商人受到排挤，不仅如此，行会代理人的活动还扩及上海的洋布市场。纵观上海贸易界，宁波商人的势力是如此之强大。《中国经济全书》（第七辑）记载，他们是上海市场中的“最大势力者”，较之居于次席的广东商人有着压倒性的优势。根据该书，宁波帮和广东帮的势力比为7比1。关于定居上海的宁波人口，书中标明有七八万至十二三万人不等，其中约有五万是商人。宁波以外的浙江籍商人里，绍兴帮约有两万人，杭州府及钱塘江附近的钱江帮约有一万人。

宁波商人在上海的势力，单凭人数无法断定。根据《中国经济全书》，活跃在上海的宁波商人多是外国商行买办或钱庄（传统金融业）老板。商贸方面，经营规模较大的则是棉花商与杂货商。如是，上海

1 外国商人通过缴纳一半关税，就能免除繁杂的内地过境税的制度。订立于1858年的《天津条约》。

的宁波商人在进出口商品贸易中尤为活跃，而他们之所以具有这样高的竞争力，原因就在于他们拥有广泛的分店网络。《禹域通纂》约比《中国经济全书》早20年出版，其中记载道，除宁波以外，宁波商人还在上海和汉口设立分店，并结成同乡商会垄断当地商业。以进口商品之一的洋布为例，上海洋布商行行会——振华堂洋布公所的成员约有一半是宁波商人。

中国贸易与神户

明治时期，日本以中国为中心不断推进亚洲贸易，其变迁历程大致可概括如下。19世纪80年代前期，海产品的出口最多，其次是铜、小麦。进口商品中，排在首位的是棉线，其次是砂糖。甲午战争后进出口情况发生了巨大转变，棉线的出口量激增，独占鳌头，同时棉花的进口量增加，占进口商品的近20%。

神户和大阪是亚洲贸易的主要港口。从贸易对象国的变迁来看，1885年神户最大的出口贸易对象是美国，其次是中国。前三大进口贸易伙伴依次是英国、印度与中国。然而，到了1893年，甲午战争前夕，最大的进出口贸易对象均变为中国。

从包括大阪港在内的港口的贸易品种来看，明治初期出口的商品以茶、米等食品为主，进口的商品则以棉制品、毛织物等纤维工业品和金属为主。到了甲午战争前夕，除了大米、茶叶和海产品之外，棉制品、火柴、洋伞等纤维工业品和日用品的出口也开始增加。另一方面，这一时期在商品进口上最大的变化，依然是棉花贸易的增长。

在大阪、神户两大贸易港中，神户港与上海的关系更为紧密。20世纪初的对华贸易中，神户港开始衰退，大阪则逐渐发力。的确，在与中国的进出口贸易里，大阪的地位不断上升的同时，神户的地位却不升反降。1906年，神户所占的比例为36%左右，虽然较以往50%以上的情形有所下降，但仍居首位。大阪极端倚仗出口贸易，与神户不分伯仲，然而这是因为出口商品需在大阪办理的通关手续有所增加，实际的出口港仍是神户。反之，在从中国进口商品方面，大阪的地位很低，仅占一成左右。另外值得注意的是，在日本与中国的贸易对象地区里，大阪的主要出口对象为中国东北地区、天津等地，而神户则在与上海之间的贸易当中占据压倒性优势。

据1903年的统计，中国产的棉花至少有52%自上海出口到外国。前面已经提到，由于宁波与外国的直接贸易极少，所以在宁波收购的棉花自然是从上海出口再经神户进入日本的。直到19世纪80年代末，日本进口的大部分棉花都来自中国。此后，印度棉花的进口量开始增加，到了19世纪90年代中期以后就超过了中国棉花。1897年的数据显示，包括印度棉花在内，神户和大阪的棉花进口比例达到了82%。进入20世纪后，中国棉花的进口量仍维持一定水平，从1899年起的5年间，年平均进口量为52万1609担，换算成金额约有1137万日元。虽是若干年后的概数，但据说从中国进口到神户的棉花超过1000万日元。综上所述，神户无疑是包括宁波棉在内的中国棉花的主要进口港。

19世纪80年代前期，日本对亚洲的出口贸易主要以海产品、矿产及食品为主，之后工业品的比重才逐渐增加。1899年的对华出口额较上一年猛增1000万日元，其主要原因便是棉线出口的增长。六年前，日本对华出口的棉线只有1万日元左右，这一年却激增至2300万日元，取代了同世纪80年代前期的海产品，登上了出口商品之首。并且，近90%的棉线都出口自神户、大阪两港。到了1897年，日用品也跃居前列，而排在第三位的火柴几乎100%都是自这两个港口出口的。这个时候，棉布的出口额虽然还未排进前位，但19世纪末已达140万日元左右，且大部分也是出口自神户和大阪。

由于产地的关系，神户向中国大量出口的商品里除了火柴，还有洋伞、纽扣等日用品。出口自神户港的商品中，火柴早在1890年就位居第四。1897年的数据反映出神户作为火柴出口港的地位之高，这一事实到了20世纪也没有改变。神户出口的火柴大多销往香港和上海，其次是芝罘（今属山东省烟台市）和天津等华北贸易港口，甚至还销售到了新加坡和印度的诸个港口。不过，香港进口的火柴并不在本地消费，其中一半出口到中国内地的各港口，一半又辗转出口到印度及东南亚各地区。

同样是火柴，中国各地消费的种类也有所不同。天津等华北贸易港口进口的主要是黄磷火柴和硫磺火柴，而上海进口的则大部分是安全火柴。这一差异源于火柴的不同销售形式。天津等地进口的火柴在零售时多按根卖，而单根的安全火柴不便点火。与之相反，从上海运往各地末端市场的火柴则多以盒装销售，危险性较低的安全火柴因而更受欢迎。故此，宁波及其内地市场主要销售的应该就是进口自神户的安全火柴。

除了火柴之外，在中国需求量较大的日本产日用品还有洋伞与纽扣。1890年，洋伞的总出口额为10万日元有余。九年后，其出口额就涨至约10倍，达到近100万日元。洋伞最大的出口市场是中国，占全部出口额的近60%，主要的出口港口有神户、横滨、大阪三个港口，其中以神户最多，1899年时达到总量的84%。纽扣的出口额不如洋伞，19世纪末仅有20多万日元，其主要生产地在大阪，几乎均从神户出口。纽扣的出口量以上海最多，其次分别是天津、牛庄和香港。

总而言之，神户作为极其重要的港口，主要面向上海出口纤维工业品与日用品。但幕末及明治时代以来的传统出口物海产品，在全部出口额中所占的比例却不如人意。从1899年的海产品出口来看，干鱿鱼以长崎为首、神户第二，干鲍鱼则以横滨居多、神户第三。海参和鱼翅的出口均以横滨为首，神户分别排在第四和第三。海产品中，神户出口额最多的只有虾干。

神户的宁波商人

进口到宁波并运往内地市场销售的日本商品有日用品、海产品以及棉布。这些商品在中国国内都是通过宁波和上海的宁波商人合作进行买卖的。在甲午战争之前，将这些商品从日本销往上海的主要是隶属神户三江帮的中国商人。

19世纪80年代到90年代的日本对华进出口贸易中，横滨和神户的华侨商人尤为活跃。甲午战争前夕，在日中国人有5343人，19世纪90年代居住在神户的中国人约有700人。神户的中国商人在1870年代就分为三江帮、福建帮、广东帮三帮，有各自的公所[1]。后来又诞生了由山东籍人士组成的北清帮，神户的华侨商人自此便分成了四个帮派。其中，三江帮是由江浙地区出身的商人组成的，其核心成员多来自宁波和绍兴。

三江帮的核心成员以宁波人居多。从经营的商品来看，四个帮派的中国商人可大致分为海产商和杂货商。当然，这只是根据主营商品而做的分类，并不意味着他们只销售这些。虽说海产商主要经营海产品，但也同时经营棉布和日用品。海产品的交易额大，海产商也都财力雄厚，其中以广东商人最多。而杂货商则主要经营火柴、洋伞、纽

1 由同业者、同乡者集体创建互助组织，并作为该组织的办公室或集会地点而建造的设施。也叫会馆。

扣等日用品以及棉布，其中以宁波商人居多。他们的资本积累相对较少，多在香港或上海设总店，在日本开设分行或办事处。根据1910年出版的有关外国商人（包括神户的中国商人）营业状况的资料，神户三江帮的构成中，除去金融业和零售业，其余二十九家店铺主要出口棉线和日用品，同时主要进口大米、大豆和棉花。另外，从贸易地区来看，广东商人主攻香港、东南亚地区，而三江帮自然主攻上海、镇江以及宁波。

日本农商务省商务局在1910年发行的《对清贸易趋势及交易情况》(『対清貿易ノ趨勢及取引事情』)中指出，由于近年来日本人的直接贸易增加，居留地贸易逐渐衰退。与此同时，对华贸易中，居住在日本的中国商人势力强劲，仅有三井等少数商行开展了直接贸易。不宁唯是，海产品、火柴、洋伞等日用品的出口贸易更是被中国商人所垄断。这份调查书还指出，二十年前（1890年）欧美商人也曾试图涉足中日贸易，但都以失败告终。十五六年前(1894、1895年)，华侨商人的势力之庞大，已经能够垄断贸易。但随着甲午战争的爆发，大量华侨商人纷纷回到中国。因此，他们的鼎盛时期应该在19世纪90年代前叶。

从棉布贸易来看，华侨商人的势力主要在于将棉布从神户和大阪出口到中国。在日本商人加入直接贸易之前，纺织业者会与当地的中国商人进行交易，委托他们将货物销往上海。

再看出口中国的日用品主力军——火柴，上文已经指出其中大部分出口自神户。但是，即便在19世纪末，仍没有日本人加入直接贸易，商业权牢牢掌握在中国商人手中。

结　语

在近代的宁波和宁波商人与日本的关系之中，一个重大的转折点在于中国的主要对日出口产品由茶叶变为了棉花。随着以大阪纺织为代表的纺织业兴起，日本对中国棉花的需求增加，宁波的主要出口贸易商品从面向美国市场的茶叶变成面向日本的棉花。最初以直接贸易的形式少量出口日本的宁波棉，不久便开始经由上海正式加入出口大军。与此同时，阪神地区生产的日用品和棉制品的逆向进口也逐渐增加，宁波与日本之间的物流关系愈发密切。宁波和绍兴产的棉花通过上海出口，火柴、洋伞、纽扣等日用品和棉制品也通过上海进口到宁波并进一步销往钱塘江以南的内地市场。这些商品进出日本的门户位于神户，而神户与上海之间的贸易在甲午战争以前则主要由宁波商人掌握。

对于掌控着这些地区间贸易往来的宁波商人来说，甲午战争的爆发无疑是一个巨大的打击。而在日本看来，虽然还不能全盘掌握，但大量华侨商人因故回国依然是夺回物流商业权的大好机会。《马关条约》签订后不久，日本就派出了以调查未来新设港口为主要目的的官民联合调查团，除了农商务省的商工课课长等人，还邀请了大阪、神户等地的商业会议所代表等民间人士参加。调查团的目的虽是前往杭州、苏州、重庆等新设口岸进行商业考察，但其中也不乏野心家意图夺取华侨商人手里的中日贸易商权。

甲午战争给宁波商人的生计带来了重大打击，宁波与宁波商人在海域交流中大显身手的时代也迎来了落幕。

（曾田三郎）

参考文献

序　言

日文文献

上田信『伝統中国——〈盆地〉〈宗族〉にみる明清時代』講談社選書メチエ、1995年

岡元司『宋代沿海地域社会史研究——ネットワークと地域文化』汲古書院、2012年

小島毅編『義経から一豊へ——大河ドラマを海域にひらく』勉誠出版、2006年

佐藤郁哉『フィールドワーク——書を持って街へ出よう』新曜社、1992年

中砂明徳『江南——中国文雅の源流』講談社選書メチエ、2002年

東アジア地域間交流研究会編『から船往来——日本を育てたひと·ふね·まち·こころ』中国書店、2009年

第Ⅰ部分

日文文献

上田信「地域の履歴——浙江省奉化県忠義郷」『社会経済史学』49-2、1983年

上田信「村に作用する磁力について——浙江省鄞県鄞勇郷（鳳渓村）の履歴」上・下『中国研究月報』455，456、1986年

岡元司「南宋期温州の名族と科挙」『広島大学東洋史研究室報告』17、1995年

小野泰「宋代明州における湖田問題——廃湖をめぐる対立と水利」『中国水利史研究』17、1987年

勝山稔『中国宋—明代における婚姻の学際的研究』東北大学出版会、2007年

佐久間重男『日明関係史の研究』吉川弘文館、1992年

斯波義信『宋代江南経済史の研究』汲古書院、1988年

斯波義信「移住と流通」『東洋史研究』51-1、1992年

斯波義信『中国都市史』東京大学出版会、2002年

高村雅彦『中国江南の都市とくらし——水のまちの環境形成』山川出版社、2000年

高村雅彦『中国の都市空間を読む』（世界史リブレット八）山川出版社、2000年

田中健夫『倭寇——海の歴史』教育社歴史新書66、1982年

竺沙雅章「北宋士大夫の徙居と買田——主に東坡尺牘を資料として」『史林』54-2、1971年

鄭樑生「中国地方志の倭寇史料」『日本歴史』465、1987年

礪波護「唐宋時代における蘇州」梅原郁編『中国近世の都市と文化』京都大学人文科学研究所、1984年

本田治「宋元時代温州平陽県の開発と移住」『佐藤博士退官記念中国水利史論叢』国書刊行会、1984年

本田治「宋代温州における開発と移住補論」『立命館東洋史学』19、1996年

本田治「南宋時代の災害と復元のシステム――乾道二年温州を襲った台風の場合」『立命館文学』563、2000年

本田治「北宋時代の唐州における水利開発」『立命館東洋史学』28、2005年

本田治「明代寧波沿海部における開発と移住」『立命館文学』608、2008年

本田治「清代寧波沿海部における開発と移住」『立命館東洋史学』33、2010年

松浦章『中国の海賊』東方書店、1995年

松浦章『中国の海商と海賊』（世界史リブレット六三）山川出版社、2003年

松浦章『東アジア海域の海賊と琉球』榕樹書林、2008年

松浦章「一九二〇年代初期の寧波近海の海盗」『東アジア海域交流史現地調査研究――地域・環境・心性』3、2009年

松田吉郎「明清時代浙江鄞県の水利事業」『佐藤博士還暦記念中国水利史論叢』国書刊行会、1981年

松田吉郎「水の娯楽――寧波の例」『中国水利史研究』36、2007年

松田吉郎「它山廟の稲花会について」藤井徳行編『社会系諸科学の探究——藤井徳行教授退職記念号　社会科学研究特別号』法律文化社、2010年

松本宣郎、山田勝芳編『移動の地域史』（地域の世界史五）山川出版社、1998年

山田賢『移住民の秩序——清代四川地域社会史研究』名古屋大学出版社、1995年

中文文献

王俊祥、王洪春（现代卷），《中国流民史》，安徽人民出版社，2001年。江立华、孙洪涛（古代卷），池子华（近代卷）

牛建强，《明代人口流动与社会变迁》，河南大学出版社，1997年

葛剑雄主编，《中国人口史》1—6，复旦大学出版社，2000—2002年

葛剑雄、吴松弟编著，《中国移民史》1—6，福建人民出版社，1997年

吴松弟，《北方移民与南宋社会变迁》，文津出版社，1993年

宁波市鄞州区水利志编纂委员会编，缪复元主编，《鄞州水利志》，中华书局，2009年

宁波市地方志编纂委员会，《宁波市志》，中华书局，1995年

缪复元等，《鄞县水利志》，河海大学出版社，1992年

李德元，《明清时期海内移民与海岛开发》，厦门大学出版社，2006年

林仁川，《明末清初私人海上贸易》，华东师范大学出版社，1987年

第II部分

日文文献

大木公彦、古澤明、高津孝、橋口亘、内村公大「日本における薩摩塔・碇石の石材と中国寧波産石材の岩石学的特徴に関する一考察」鹿児島大学『理学部紀要』43、2010年

太田出、佐藤仁史『太湖流域社会の歴史学的研究——地方文献と現地調査からのアプローチ』汲古書院、2007年

関西中国女性史研究会編『ジェンダーからみた中国の家と女』東方書店、2004年

佐治俊彦『かくも美しく、かくもけなげな——「中国のタカラヅカ」越劇百年の夢』草の根出版会、2006年

佐藤仁史、太田出、稲田清一、呉滔『中国農村の信仰と生活——太湖流域社会史口述記録集』汲古書院、2008年

佐藤仁史、太田出、藤野真子、緒方賢一、朱火生『中国農村の民間藝能——太湖流域社会史口述記録集２』汲古書院、2011年

田仲一成『中国地方戯曲研究——元明南戯の東南沿海地区への伝播』汲古書院、2006年

田仲一成、小南一郎、斯波義信編『中国近世文芸論——農村祭祀から都市芸能へ』東洋文庫、2009年

高津孝、橋口亘「薩摩塔小考」『南日本文化財研究』7、2008年

高津孝、橋口亘、大木公彦「薩摩塔研究——中国産石材による中国系石造物という視点から」『鹿大史学』57、2010年

高津孝、橋口亘、大木公彦「薩摩塔研究（続）——その現状と

問題点」『鹿大史学』59、2012年

ラウファー・ベルトルト『鵜飼——中国と日本』博品社、1996年（Laufer Berthold, *The Domestication of the Cormorant in China and Japan*）

第Ⅲ部分

日文文献

籠谷直人『アジア国際通商秩序と近代日本』名古屋大学出版会、2000年

川村湊『補陀落——観音信仰への旅』作品社、2003年

斯波義信「三江幇と日本華僑」日本孫文研究会、神戸華僑華人研究会編『孫文と華僑——孫文生誕一三〇周年記念国際学術討論会論文集』汲古書院、1999年

二階堂善弘『中国の神さま——神仙人気者列伝』平凡社新書、2002年

根井浄『観音浄土に船出した人びと——熊野と補陀落渡海』（歴史文化ライブラリー二五〇）吉川弘文館、2008年

吉田和子『上海ネットワークと近代東アジア』東京大学出版会、2000年

安井三吉『帝国日本と華僑』青木書店、2005年

山川均『石造物が語る中世職能集団』（日本史リブレット二九）山川出版社、2006年

中文文献

林士民，《青瓷与越窑》，上海古籍出版社，1999年

唐巧天，《上海与宁波的外贸埠际转运变迁（1866—1930）》，《史林》2008年第4期

浙江省政协文史资料委员会，《宁波帮企业家的崛起》（浙江文史资料选辑第39辑），浙江人民出版社，1989年

中华人民共和国杭州海关译编，《近代浙江通商口岸经济社会概况》，浙江人民出版社，2002年

后　记

本书是在2005—2009年间开展的“东亚海域交流与日本传统文化形成”这一共同研究的成果之一。本共同研究包含多个重大课题，其中之一就是推进跨学科研究。所谓跨学科研究，即针对涉及不同领域的研究对象，在各个学术领域之间展开合作研究。我们之所以主张这一研究的必要性，是基于以下认识，即高度专门并细化的学术研究未能充分解决现实中多样且复杂的问题。实际上，各个领域都在进行跨学科研究，并都取得了巨大成果。然而，由于本次共同研究以文献研究为主，所以有人认为高度的专业性反而成了阻碍，导致跨学科研究的欠缺。其实，我们的研究团队中有历史学、思想史、文学史、美术史、艺能史、佛学、考古学、人类学、建筑学、船舶工学、数学等多方专家共同参与，在形式上可谓十足的跨学科，但却又因为不同的学术领域有其各自的方法论，合作研究颇为困难。我们的团队中，积极推进跨学科研究的主力是广岛大学的冈元司先生。本书的作者都是应其呼吁而来，本书的整体构思也由他设计。遗憾的是，冈元司未能等到我们的共同研究结束，就于2009年10月溘然长逝。本书由曾负责《文化之都：宁波》编集的须江隆、早坂俊广、平田茂树、高津孝四人协作承担，力求在内容上充分发挥其构思。

冈元司是中国史学者，主要研究10至13世纪的宋王朝。他本不是田野调查的专家，却在文献研究的同时，多次探访了那些曾作为历史舞台的地区。在本次共同研究中，冈元司认识到跨学科研究和田野调查的重要性，规划了联结中日两国的重要枢纽——宁波（明州）的田野调查。高津孝同样是从文学角度研究中国宋代的学者，以文献研究为主。他在冈元司的邀请下参与了由冈元司主持的宁波田野调查。宁波留存有丰富的历史遗迹，而我们的调查对象便是分布在宁波东部郊外东钱湖周边的南宋墓前石像群。

调查始于2005年11月，参加者除冈元司与高津孝外，还有考古学专家槙林启介（时任广岛大学助教）。他们邀请中国方面的合作伙伴杨建华老师（宁波大学）同行，并由谢国旗先生（宁波市鄞州区文物管理委员会）——有关东钱湖周边石像群的《东钱湖石刻》一书作者——做向导，对东钱湖周边的宋代史氏一族墓葬进行了调查。史氏是宋代明州（宁波）望族，南宋期间出了三任宰相，颇有权势，却于元代逐渐没落。或许因为史氏一族的衰微，宋代史氏家族的墓群也逐渐被人遗忘，不曾修缮，当时的原貌却因而得以保留至今。三天里，团队考察了叶太君墓、史诏墓、史弥远墓、史浩第二夫人墓、史弥坚墓、史师光墓、史渐墓、史渊墓、史涓墓、史浩墓、史弥大墓、史守之墓、史师仲墓、史宗之墓、史弥远子孙墓、史弥正墓（已变为农田）、史显卿墓、史实之墓、史弥忠墓。另外的史文孙墓、史弥巩墓、史弥烨墓只考察了石像（南宋石刻博物馆）。这些墓葬大半位于深山，需要乘车至附近再走山路到达，一些隐匿于繁茂的野草之中，好不容易才发现，还有一些是我们用镰刀割草探路、攀登山崖才找到的。在墓所处，我们听取了谢国旗先生的详细介绍，确认了墓所位置，并在

1938年左右日本陆军陆地测量部绘制的地形图（《中国大陆五万分之一地图集成》，科学书院出版）上做了标注，还为墓葬全体、墓道石像群以及出土的墓碑等都拍摄了照片。关于远离墓所的石像群，我们还在南宋石刻博物馆里了解到其中已判明出处的石像及其放置场所，并拍摄照片、列出清单。虽然这是摸索中开始的短期集中调查，但团队也获得了大量信息。回到住处之后，成员们立即一起整理资料，确认未尽之处。

2006年8月，我们进行了为期四天的第二次调查。参与人员有冈元司、高津孝、槙林启介，以及白井康太（时为广岛大学学生）、水口拓寿（时任日本学术振兴会特别研究员、中国道教研究者），中方人员依然是杨建华老师与谢国旗先生。本次我们考察了史浩墓、史师仲墓、史弥大墓、史宗之墓、史渐墓、史弥远墓、史弥忠墓、史定之墓、史若冲墓、史弥巩墓（仅确认位置）、史弥烨墓（仅确认位置），并对墓葬形式作了详细记录，补充了第一次调查中的欠缺。八月酷暑难耐、蚊虫扰人，田野调查之艰辛令人印象深刻。我们在第二次调查之前，就事先针对调查方法和未来的课题进行了激烈讨论。在讨论的过程中，冈元司总是和颜悦色回应众人的模样也让我记忆犹新。我听闻冈元司一回国就立刻着手工作，在地图上标注整理这两次宁波田野调查的结果，并添加文献资料里关于宋代史氏的传记信息、族谱上留存的墓所记录以及与墓所有关联的寺院位置数据等。然而，翌年他便住院接受了手术，虽一时有康复迹象，却最终在2009年10月与世长辞。冈元司未能一同参与整理这两次共同实地调查的综合成果，遗憾之至。而后，我们从他主导的实地调查中至少取得了三项成果：其一，是参与第二次实地调查的水口拓寿在《文化之都：宁波》中将成果汇总成“墓地的记忆与墓葬文化”一文；其二，是山川均在本书中所撰写的“宁波石刻文化及其对日本的影响”。第二次实地调查前夕，高津孝在查找石刻相关资料时，偶然接触到山川均刚出版的《石刻物讲述的中世职能集团》(《石造物が語る中世職能集团》，日本史リブレット，山川出版社，2006年8月出版)，认识了这名熟知中日石刻的学者。之后，我向冈元司提议邀请山川均加入此项共同研究。第三项成果关乎高津孝。如本书“神秘石塔‘萨摩塔’”中所述，正是因为参与了冈元司带领的田野调查，我们才得以发现萨摩塔是由浙江石材所造的事实。更何况我（高津）作为研究中国文学的学者，从未想过会去调查石材。所幸，我们得到了考古学及岩石学专家们的帮助，才在真正意义上实现了冈元司设想的跨学科研究。本书中虽然未能提及，但在日本发现的约70座一石型碇石（附在木质碇上的镇石石材）之中，推测来自浙江省沿岸出露的方岩组地层的就有19座，分别分布在山口县、福冈县、佐贺县、长崎县、鹿儿岛县奄美大岛、冲绳县冲绳本岛。初步推断这些都是10至15世纪浙江船只往来东海时的遗留之物，其中也不乏从宁波开出的船只的可能。这又是联结宁波与日本的新资料。

本书的出版曾因痛失原立项人冈元司而岌岌可危，幸而在作者和编者的共同努力下终于问世。跨学科这一横跨众多层面的领域，实在难以一言蔽之。希望读者们能从本书中体会到现实的错综复杂。

2013年3月

高津孝

笔者一览

（按日语五十音排序）

笔者信息以2013年日文原书出版时为准

上田 望（うえだ のぞむ）

金泽大学人文学类教授

中国文学

大木 公彦（おおき きみひこ）

鹿儿岛大学名誉教授

地球科学

太田 出（おおた いずる）

广岛大学研究生院文学研究科副教授

中国近世、近代史

冈 元司（おか もとし）

原广岛大学研究生院文学研究科副教授（已故）

中国宋代史

佐藤 仁史（さとう よしふみ）

一桥大学研究生院社会学研究科副教授

中国近现代史

曾田 三郎（そだ さぶろう）

广岛大学名誉教授

中国近代史

高津 孝（见后）

高村 雅彦（たかむら まさひこ）

法政大学设计工学部教授

亚洲都市史、建筑史

二阶堂 善弘（にかいどう よしひろ）

关西大学文学部教授

中国民间信仰、道教

桥口 亘（はしぐち わたる）

南萨摩市坊津历史资料中心辉津馆

日本中近世考古学

早坂 俊广（はやさか としひろ）

信州大学人文学部副教授

中国哲学

藤田 明良（ふじた あきよし）
天理大学国际学部教授
日本中世史、东亚海域史

本田 治（ほんだ おさむ）
立命馆大学文学部特聘教授
宋代史

松浦 章（まつうら あきら）
关西大学文学部教授
中国近世近代史、东亚文化交涉学

松田 吉郎（まつだ よしろう）
兵库教育大学认识形成系教育课程教授
东洋史

水上 和则（みずかみ かずのり）
专修大学兼职讲师
陶瓷技法史、中国陶瓷史

南埜 猛（みなみの たけし）
兵库教育大学认识形成系教育课程副教授
地理学、水资源论、南亚地域研究

山内 晋次（やまうち しんじ）
神户女子大学文学部教授
海域亚洲史、日本古代史

山川 均（やまかわ ひとし）
大和郡山市教育委员会主任
日本中世考古学

山口 聪（やまぐち さとし）
照叶树林文化研究会
民族植物学

编者

高津 孝（たかつ たかし）
鹿儿岛大学法文学部教授
中国文学

监修

小岛 毅（こじま つよし）
东京大学研究生院人文社会系研究科教授
中国思想史

译者的话

公元894年是中日文化交流史上一个重要的年份。在此之前，日本大量派出遣隋使和遣唐使，积极学习古代中国的国家制度；其后的日本虽中止了遣唐使的派遣，但与中国的交流绵延不断，其中两国在民间生活层面的交流尤为活跃。

生活是人们赖以生存的根本，也是构建社会乃至国家的重要基础。日本近代著名思想家长谷川如是闲（1875—1969年）曾仿杜甫诗句大声疾呼“国破生活在”，他主张近代日本构建以生活为基础的“社会性国家”，批判近代日本不断扩张的国家形态。诚如小岛毅先生所言，宁波与日本在民间生活方面“丰富多彩的交流活动对于日本传统文化构建具有决定性的作用”。就此而言，历史上宁波与日本在民间生活方面的交流值得特别关注，而这无疑是中日文化交流史不可或缺的一个重要组成部分。

古来宁波具有独特的港口优势，与世界各地文化广泛交集，从而孕育出了具有深厚内涵的“港通天下”式多元文化。日语中以中文原音发音的我国城市地名并不多见，而“宁波”就是其一。这说明日本人对宁波具有广泛的认知，也说明宁波对日本极具影响。从晁衡的

《明州望月》到日本学界使用专门术语“宁波佛画”，从日本曹洞宗创立者道元在天童寺修行到阳明思想在日本获得普遍认知，从吴方言对日语形成的影响到日本人茶余饭后的麻将休闲，直至今日，宁波对日影响随处可见。

近些年，中日两国关于宁波与日本交流的研究成果斐然，但多数研究基于的是两国陆地交流的视点。作为丛书之一的《从宁波到日本：生活世界的对话》采用的则是海洋和河流湖泊，即书中所言“水上世界”的视点研究宁波与日本的文化交流。在此基础上，本书佐以实地考察的研究手段，详细介绍了古代宁波“水上世界”的生活，揭示了当时以宁波为中心的浙江生活文化的特点，着重研究了历史上宁波石刻文化、海洋信仰以及甬商对于日本文化形成的影响。书中考证极为细腻，结论颇具说服力。

关于译作名的翻译，原为《宁波与日本：生活世界的对话》，后经反复考虑，意在增加叙事效果，终译为《从宁波到日本：生活世界的对话》。特此说明。

译作虽已完成，但因水平有限，其中定有许多尚需精细打磨之处，恳请读者不吝赐教。

最后，此次译作的顺利开展依托于“海外宁波学”译丛工程，在此感谢宁波市委宣传部、宁波市社科院、浙大宁波理工学院“宁波市东亚文化研究中心”、浙江大学出版社等相关单位的大力支持。作为第一批成果的参与者，我们也深深期待与祝福“海外宁波学”译丛未来能够发荣滋长、硕果累累。

郭永恩　谢展眉

2024年盛夏